社会運動は何を行うのか

運動行為論の構築へ向けて

濱西栄司
Eiji HAMANISHI

新泉社

まえがき――運動そのものへ

われわれは、社会を変えようとして何を、そしてどのように行うのだろうか。時代やテーマによって、あるいは国や地域によって、違いはあるのだろうか。

特に、たくさんの人が集まって行動するときにどのようなことが起こるのだろうか。あるエリアで同時多発的になされると、いったいどういう状況になるだろうか。

本書は、社会運動[*1]（社会を変えようとする集合的な活動）が社会を変えようとして行うさまざまな行為を「運動行為」と呼び、その記述と分析を行う。

通常、社会運動研究では、運動のリーダーや参加者の主張、運動組織の戦略を分析することが多いが[*2]、本書ではそれらの作業をほとんど行わない――これまで筆者自身もそのような研究を行ってきたし、本書で取り上げる事例についてそのような分析を行う先行研究も存在する。本書ではその代わり、社会運動において運動行為がどのようになされてきたのかを詳細かつ客観的に描く。その上で事例の比較分析から運動行為の特徴を明らかにし、物理的・社会的な環境との関係性について考察していく。

そのため本書には、インタビュー・データやアンケート結果の図表は出てこないし、運動組織による動員過程などが描かれることもない。その代わりに多数出てくるのは、運動行為の配置と展開が描かれたグーグルマップ（Google Maps）であり、また運動行為を構成する個人の増減等を描いたビッグデータのグラフである。

本書が、人々の語りや組織にではなく運動行為そのものに焦点を当てる理由は三つある。

一つ目の理由は、運動自体の変化である。序章でも述べるように、近年、群衆的でアクション中心の運動が増加しつつある――本書で取り上げる事例の多くはそのような事例である（第6章を除く）。そこでは組織化も集合的アイデンティティの共有もほとんどなされず、運動の社会的意義と個人にとっての意味は、また運動全体の展開と個人・組織の行動はますます一致しなくなっている。当然、運動行為を構成する一部の人々の主張を聞き取ったり、一部の組織の戦略を分析したりしても、運動全体を把握したことにはならない。[*3] あらためて運動行為＝運動そのものに、先入観をもたずに目を向ける必要性が高まっている。

二つ目の理由は、運動行為を正確に記述することの重要性である。社会運動は流動的・一時的で、しばしば隠密的な活動であり、その行為を正確に記述することは非常に困難である――「家族」や「地域」といった対象とはその点が大きく異なる。デモ行進や集会のような運動行為は世にあふれているし、その存在もよく知られているが、これまでほとんど正確には記述されてこなかった。個人の経験談、さまざまな印象論、メディアによる報道は無数になされているが、それらは正確な記述とは言いがたい。[*4] 対象をしっかりと記述することは科学・研究の基本であり、そこが不正確であれば、その上にどれだけ分析を行っても意味はないはずである。

三つ目の理由は、現場での運動行為こそ社会運動の核だということである。事前・事後にインタビューで語られる主張や、組織が行う事前の資源動員や戦略・計画の会議は、厳密にいえば、「社会を変えようとする集合的な活動」そのものではない。それらは運動のありように影響を与える要因ではあっても、社会運動そのものとは言えない。それに対してデモ行進や抗議集会などの運動行為は、まさに社会を変えようとする活動そのものである。今こそ運動行為に関する確かな知識が求められているのである。

社会運動は何を行うのか——運動行為論の構築へ向けて

もくじ

序章

本書の目的

社会運動が行うことをとらえる

1　運動行為と先行研究

運動行為

路上や広場などの公的な場での大規模な抗議集会やデモ行進は、これまで世界中で無数に実施され、日常的なルールや組織の規則、法制度はもちろん、しばしば国家体制や社会システム、政治や経済、文化全体にも大きな影響を与えてきた。今や多くの国（特に先進諸国）で頻繁に実施されており、[*5] 投票などと並んで慣習的・日常的な政治行動としても認められている。[*6] 集会やデモ行進には「不満を象徴化」し、「有益な政治的行為者」であると認めさせる効果や、「歴史、記憶、意味、興奮、所属感」を作り出す効果があるとされる（Salmenkari 2009）。それゆえこれまでさまざまな争点について、また多様な個人や集団、組織によってなされてきたし、これからも世界中で実施されていくだろう。

集会やデモ行進において、この二〇年ほどの間によくみられるようになったのは、場所と時間だけをオンライン上で共有して、自由に人が集まれるようにするスタイルである。従来は、組織化された組合や団体がメンバーに参加を呼びかける（動員する）スタイルが中心であったが、運動の確固とした組織化よりも運動行為そのものの実現を優先する傾向がみられるようになっている。たとえば、本書でも取り上げる反ＷＴＯ抗議行動（Smith 2001ほか）やオルタ・グローバル化運動（della Porta et al. 2006; McDonald 2006; Pleyers 2010ほか）、サミット・プロテスト（野宮・西城戸編 2016ほか）、さらに二〇一〇年代に世界各地で行われたオキュパイ運動（園中 2016ほか）、「アラブの春」（Khosrokhavar 2012; Gerbaudo 2012ほか）、極右・オルトライト運動（Virchow 2007; Toscano ed. 2019ほか）、香港の民主化運動（李 2021ほか）、また日本における脱原子力運動（伊藤 2012; 五野井 2012ほか）や反安全保障法制の集会（富永 2016; 小林 2021ほか）などにもそのような傾向がうかがえる。*7

その背景には、第一に、上下関係や規則を生むものとして組織化を避けようとするグローバルな運動文化の広がり、組織的な役割分担や意思決定、ヒエラルキー自体を避けようとする「非暴力」の原理の浸透があるだろう（阿木 2000; Graeber 2009）。内部での差別や暴力はもちろん、厳しいルール、指示・命令関係等をもはや運動自体が許さなくなっているのである。運動のありよう自体が、運動が実現しようとする社会・世界を先取りしていなければならない、もし非暴力的で平等、差別のない社会を目指すのであれば、運動内部でもそういった暴力や差別、不平等を許してはならないという考えが強くなっている。そこから、役割分担や上下関係をともなうような組織化自体をいっさい避けようとする傾向も生まれてくるのである。

第二に、独裁・権威主義体制や民主的な監視社会における組織化自体のリスクの拡大が指摘できるだろう。秘密警察が暗躍するような独裁的、権威主義的な国家体制では、政府に批判的な運動組織を作ることは非常に危険で（Khosrokhavar 2012）、メンバーや幹部のリスト、指揮命令系統・役割分担の記録・痕跡も容易に弾圧に利用される。「表現の自由」などが憲法等で保障される「民主的」な国家においても、テクノロジーの発展によって運動の監視は非常に容易になってきている。いたるところに監視カメラが設置され、EメールやSNSのプロバイダーが利用者情報を警察に提供する仕組みも存在している。さまざまな寄付や応援コメント、また金銭のやり取りがオンライン上でなされ、人々のあらゆる営みやつながりが政府（警察）等に把握されうる時代にあって、社会運動の実現のために、人とつながったり、組織を作ったり、意思決定したりすることは、特にその運動の影響が予想できないときには、非常に危険なものになっているのである。

今後、監視社会化はさらに進んでいき、またSNS等を介した匿名の一時的・非暴力的な連携も増加していくだろう。社会運動はますます運動行為中心になり、運動行為の研究はいっそう重要なものになっていくはずである。

動員論と歴史的行為論

では運動行為に関して、これまでどのような研究がなされてきたのだろうか。社会運動研究は、社会学だけでなく、政治学や歴史学、心理学、人類学、地理学、国際関係論などでも一部なされている。それらの研究全体を方法論的に大きく二つに分けることができる[*8]（濱西 2008, 2016; 濱西・鈴木・中根・青木・小杉 2020）。一つは、〈集合的な活動の発生・発展・衰退の要因、成否や帰結に関する因果的なメカニズムを説明しようとする研究〉であり、何が原因で発生したのか、どういうメカニズムで発展・衰退したのか、成功・失敗した要因はいったい何なのか、といった問いを追究する。もう一つは、〈ある集合的な活動の有する意義・意味を理論・概念枠組みを参照しつつ解釈しようとする研究〉であり、現代社会や世界にとって、あるいは歴史の変動にとって、民主主義や正義にとって、いかなる意義を有するのか、また当事者にとってどういう意味をもつのか、といった問いを追究する。このような方法論的区別は、「運動行為」に関する先行研究の整理においても、補助線として非常に有効である。以下では、二つのアプローチ（メカニズムを説明する研究と意義・意味を解釈する研究）における中心的理論をそれぞれ取り上げ、これまで運動行為がどのように研究されてきたのかを確認していきたい。

まず〈運動の盛衰や成否のメカニズムを説明する研究〉の中心は、「動員論」（資源動員論を中心に政治的機会構造論、フレーミング論などを総合した説明理論の体系）だといってよいが、そこでは、運動行為はどのように扱われてきたのだろうか。そもそも資源動員論は、「社会運動」を「社会構造のある要素を、そして・あるいは社会の報酬分配を変えたいという選好を表す民衆の一群の意見や信念」と定義し、また「社会運動組織」を「社会運動あるいは対抗運動の選好とみなしうる目標をもち、その達成をめざす複合的な、あるいは公式的な組織」と定義した上で、ある社会運動の盛衰や成否を運動組織の戦略、特に社会経済的な資源動員の観点から説明しようとするものであった（McCarthy & Zald 1977 = 1989: 28-9）。その後、フレーミングや政治的機会構造なども変数として組み込んだ理論体系（動員論）が徐々に確立されて現在に至る。

社会運動のメカニズムに注目することは、運動行為の研究においても重要だといえる。ただし動員論は、社会運動をその発生・発展・盛衰・成否等に還元して操作的にとらえており、運動行為の具体的展開にはほとんど関心がない。運動行為は、ある運動組織によって選択される抗議レパートリーの一つとしてみなされるだけであって（Tilly 1978=1984: 204-210）、たとえ「署名、住民投票」「リーフレット配り」「公的な場での集会」「ストライキ」「座り込み」「学校や大学の占拠」「廃墟の占拠」「私有物への暴力」などに区分されて、件数を数えられることはあっても（della Porta et al. 2006: 125）、運動行為自体が記述・説明されることはほぼない。動員論にとって大切なのは、運動組織が各運動行為をどのようにして選択するか、その選択が目標達成に効果的か否かだからである。

たとえば、C・ティリーは、〈社会運動組織（と当局との対決過程）に対する時間・空間の影響〉に関する既存の研究を整理した上で、「メカニズム中心の説明アプローチ」（Tilly 2000: 152）によって、運動行為の「場所」を選択・変更する社会運動組織の戦略が説明可能であることを、フランス革命などを事例に示唆している。しかし、運動行為の展開自体を記述・分析するわけではない。その後、ティリーは「対決の政治」モデルの枠内に「空間」を位置づける方向へと進んでいってしまう（Tilly 2003: 221）。D・マッカーシーらは「抗議集会の場所が有する大きな理論的・実践的含意にもかかわらず、その多様性に関する体系的な根拠はほぼ存在しない」（McCarthy and McPhail 2006: 231）と述べつつ、集会と実施場所の関係を整理し、空間が集会に与える影響について検証している。だが、やはり運動行為の具体的展開に焦点を当てるわけではない。

しかし、不満が存在してもそこから運動が自然に発生するわけではない（それゆえ動員過程分析が必要だと資源動員論は主張した）のと同じく、たとえ社会を変えたいという選好をもつ人々とその組織・組織戦略、動員過程、レパートリーの選択過程が存在しても、そこから自然に運動行為が発生・展開するわけではない。公的な場では聴衆の一人一人や偶然の個人の振る舞いも運動行為を形成するし、その展開に物理的な環境も警察の動きも影響を与える以上、運動行為の展開過程は、運動組織による資源動員過程やレパートリー選択過程に還元されるわけではまったくない。それゆえ運動行為の展開過程の記述・分析が、それらとは別に必要なのである。

つぎに〈運動の意義・意味を解釈する研究〉は、政治学や政治哲学[*9]、また社会学の社会問題論やマイノリティ研究でも一部行われているといえるが、中心は社会学の社会運動研究であり、特に「新しい社会運動」論と呼ばれるような運動研究群が意識的に取り組んできたことである。その代表例は、「社会運動」を中心に置いた独自の理論枠組みから運動の意義を解釈しようとするA・トゥレーヌらの歴史的行為論（Touraine 1965, 1973, 1978, 1992; Dubet 1994; McDonald 2006; Pleyers 2010; 濱西 2016）だといえる。そこでは運動行為はどのように扱われてきたのだろうか。

トゥレーヌによれば「歴史的行為」とは、〈既存の社会システムに準拠しつつもそれを乗り越えてつぎの社会のルールや価値を作り出そうとする行為〉の理念型である（Touraine 1965; 濱西 2016）。歴史的行為のなかで、特に「集合的行為者により、敵手に反対し、社会的場の統御をめざすべく組織され、指導されたあらゆる形態の紛争的［な歴史的］行為」（Touraine 1978=2011: 124）と定義されるのが「闘争」である。すなわち、①関係している人々（労働者、農民、消費者、住民など）の名において遂行され、②一定程度、組織化されていて、③社会集団としての敵手を有し、④社会の全体と関連するような問題を争点とするものが「闘争」であり、もし①誰の名かが定まらなければ「理念の運動」、②組織化されなければ「世論の運動」、③敵手を有さなければ「文化運動」、そして④争点が全体社会に関わるものでなければ「圧力団体」だとされる。また闘争が作り出そうとするルールや価値の水準・範囲に応じて、闘争は社会組織レベル／

政治・制度レベル／社会全体レベルの三つに区分され、最後の社会全体レベルに及ぶ闘争だけが「社会運動」と呼ばれることになる。

このような運動の諸類型を用いて、現実の運動・紛争のなかに各類型にあてはまる部分がどのように混ざり合っているのかを、運動当事者の集合的な投企（projet 未来に向けての企図・計画・ビジョン、その担い手となる自分たち自身のイメージ、そしてその実現を邪魔する敵手についてのイメージ）の調査（インタビューやアンケート調査、社会学的介入など）からとらえて、そこから運動の意義を評価しようとするのが歴史的行為論である。[*10]

運動の意義を解釈しようとする視座は、運動行為の研究にとっても重要である。ただし歴史的行為論は、将来的なビジョン、敵手と自分たちのイメージに関する〈当事者たちの意図的な語り〉に何より焦点を置いており、運動行為そのものを調査するわけではない。[*11] しかし意図・企図を超えた遂行的なレベルにも運動の意義がないとは言えない（濱西 2020a）。たとえば集団的なインタビュー調査の過程において、当事者たちが「敵手」は誰であるのかについて合意に至ることができなかった場合には、「社会運動」（全体社会レベルの闘争）ではないとトゥレーヌらは評価するが[*12]（濱西 2016: 68-70）、語られないことと実際に敵手を有しないことは同じではない。語られることがなくても、運動の現場をしっかりと観察していけば、運動行為が「遂行的」に敵手や争点を指し示していたり、誰の名か、組織化の傾向を示していたりすることもみえてくるだろう。とりわけ、運動が行為中心になりつつある現代にあっては、運動の遂行的な側面はますます重要になっている可能性がある。運動行為を詳細に観察し、遂行的レベルも含めそこにいかなる意義があるのか、「闘争」「社会運動」の要素がどこまで含まれているのかをみていく必要がある。[*13]

以上、主流の二つのアプローチが運動行為にあまり焦点を置いてこなかったこと、それは偶然ではなく両アプローチの視座（組織中心と意図中心）と結びついていることを示してきた。このことをふまえ次節では本書の研究課題を示していくことにしたい。

2 研究課題——テクノロジーを用いた運動行為の記述と比較分析

本書の研究課題は、まずもってさまざまな運動行為（特にデモ行進と集会）の展開とその環境を詳細に記述することにある。運動行為の記述が不十分であれば、そのうえに説明や解釈を積み重ねることはできないからである。これまでそのような記述はほとんどなされてこなかった。

もちろん、幅広い運動行為を一部でも記述していると「みなせる」ような研究を、学問分野を超えて探す出すことは不可能ではない。たとえば、天安門事件時のデモ行進（Zhao 2001）、ジェノヴァG8サミットでのデモ行進（Daphi 2017）、ケベック米州サミットでの直接行動（Graeber 2009）、韓国のろうそくデモ（安 2013）、トルコ・ゲズィ公園の占拠行動（園中 2016）、タイの道路封鎖行動（藤井 2019）、北京五四運動の空間的展開（市川 2018）、南アフリカの農場ストライキ（佐藤 2013）やフィリピンの学校ストライキ（岡田 2011）、ベルリンでのネオナチのデモ行進（Virchow 2007）、ワシントンＤ・Ｃでのデモ行進（McPhail

1991）、ＳＮＳ抗議（Peng, Budak and Romero 2019ほか）、運動内の戦略会議（Haug, Rucht and Teune 2013ほか）等については少し記述がなされている。

また日本における暴動・騒擾（中筋 2005; 藤野 2015ほか）、新宿地下広場でのフォーク集会（桐谷 2021）、国会前脱原発抗議行動（谷口 2021）、ＬＧＢＴパレード（堀川 2015; 斉藤 2021）、サウンド・デモ（出口 2008）、ヘイト運動（瀧 2019, 2020; 山口 2017; レシュケ 2023）、政治的自費出版活動（大尾 2017）、裁判活動（藤木 2016ほか）、ロビー活動（明智 2015ほか）、高校生の政治活動（宇野 2017）、労働組合のアクション（林 2020）等について記述が見出される。

ただし、以上の例はいずれも断片的なものにとどまっていて、多くはエピソードの紹介にとどまり、意図的な運動行為記述でもない。

運動行為に関する記述が十分なされてこなかったのは、運動行為、特にデモ行進や集会がきわめて流動的、群衆的で、しばしば隠密的になされるため、調査自体が非常に困難だからだといってよい。研究者が観察できるのは全体のごく一部にとどまり、インタビューやアンケート調査で描けるのはさらにごく一部のふるまいや意図でしかない。何万、何十万もの人々が集まるデモ行進や集会のダイナミクスを描くことは、既存の調査法ではほぼ不可能であった。それゆえ動員論は運動そのものから社会運動組織へと焦点を移し、トゥレーヌらも行為の直接的把握をあきらめて集合的な企図を把握しようとしたのではないかと思えるほどである。

デモ行進や集会の流動性・群集性・隠密性は、一〇〇年前の事例でも現代の事例でも基本的に変わらないし、全体を記述することは今も昔も非常に難しい。ただ、近年、運動行為記述に大きく寄与するような二つの新しいテクノロジーが現れてきている。

一つ目は、ＷｅｂＧＩＳ（Ｗｅｂ公開型地理情報システム）であるグーグルマップの登場である。それ以前も地図データは存在したが、高額で更新頻度も少ないため、変化の激しい都市部の詳細をとらえられるものではなかった。それに対してグーグルマップは無料で更新頻度が高く、デモ行進や集会の場所、周囲にある施設や交通網、広場の詳細を把握することができる。ルート検索やストリートビュー機能によって、歩行者目線での現場把握や移動時間の計算も容易である。運動行為の発生した場所、その展開と動き、敵手や支援拠点、街路、高速道路や巨大なランドマーク、森や川、海、山などの地理・空間を正確に把握できるのは画期的である。

二つ目は、スマートフォンの位置情報ビッグデータである。従来は、組織化されていない群衆の全体をとらえる手段はほぼなかったといってよい。せいぜい手分けして観察したり、もしリーダー的な人がいればそのリーダーに聞き取りをしたり、航空写真で数を推測したりすることしかできなかった。それが、株式会社ドコモ・インサイトマーケティング社の「モバイル空間統計®」では、一定エリアにいる人々の数や属性、時間的変化をある程度正確に推計できるようになる。[*14] ビッグデータによって一定エリアの個人をある程度とらえることができるようになったのは非常に画期的なことであり、抗議集会のような公的な空間で移動なくなされる運動行為のダイナミクスを描く際にはきわめて有効な手段となるだろう。[*15]

本書ではまず、グーグルマップとモバイル空間統計を用いて、国内外の運動行為（特にデモ行進と集会[*16]）

の配置・展開とその環境について詳細に記述していく。つぎに各事例を比較することによって、運動行為のありようを縮約的に語ることができるような特徴を描き出す。そしてそれらの特徴に作用する諸要因を見出していく。そうすることで、われわれが社会を変えようとして何をどのように行うのか、時代やテーマ、国や地域によってどう違うのか、多くの人が行動するときに何が起こるのかといった冒頭の問いに答えていきたい。

―3― 本書の構成――ＷｅｂＧＩＳ記述からビッグデータへ

本書は大きく三つの部分に分けられる。

まず第１・２章ではグーグルマップを用いてデモ行進の展開を記述していく。第1章では、グーグルマップを用いたデモ行進の記述方法論を定め、一九九九年シアトルＷＴＯに対するデモ行進の展開をその環境とともに詳細に記述する。二〇〇九年ピッツバーグＧ20との比較分析からデモ行進の合流・方向という特徴を見出し、物理的環境の作用について考察する。続く第2章では、二〇〇九年コペンハーゲンＣＯＰ15をめぐるデモ行進の展開を支援的なスペースとともに記述する。そして二つのデモ行進の比較分析からデモ行進の拡散という特徴を見出し、社会的環境の作用について考察する。

第３・４章ではより幅広い運動行為の配置・展開をグーグルマップを用いて描く。第3章では、二〇〇八年北海道洞爺湖Ｇ８サミット時の札幌で展開された運動行為を記述し、二〇〇〇年九州・沖縄Ｇ８サミット時の那覇・名護の状況と比較することで、運動行為の密集という特徴を描き出し、常設・臨時のスペースの作用について検討する。そして第4章では、二〇〇九年ラクイラG8サミット時のローマでの運動行為を記述し、二〇〇一年のジェノヴァG8サミットの事例と比較することで、分散という特徴を見出し、ピッツバーグG20の事例を通して、社会的環境の重要性と変化について考察する。

最後に第5・6章ではモバイル空間統計を用いて、大規模な集会の変動を詳細に描く。まず第5章では、集会の記述方法論を定め、二〇一五年の安全保障法制抗議集会を記述する。二つの事例の比較分析から三つの特徴の変動を描き出し、組織的要因、空間・時間的要因と関連付ける。続く第6章では、二〇一五年に代々木公園で開催された二つのメーデー中央大会を記述し、比較分析から式典の流れなどの制度的要素を見出して組織的要因と関連付ける。補論では、二〇二〇年の緊急事態宣言下の個々人の外出行動を運動行為ととらえて記述した上で、そのメカニズムについて論じる。

終章では、本書全体で記述した事項を整理し、運動行為の特徴と環境との関係性について考察していく。

第１章

運動行為の展開

1999年シアトルWTO閣僚会議

1 デモ行進の合流・方向をとらえる

本章では、運動行為、特にデモ行進の展開を記述する方法論を定め、グーグルマップを用いて二つのデモ行進の展開を記述し、その展開、特に方向と合流に物理的環境が及ぼす作用について考察する。

序章でも述べたように、デモ行進は、歴史的・現代的に重要であるが、社会運動研究の主流といってよい動員論では、社会運動組織を中心に置くがゆえに、デモ行進は抗議レパートリーの一つでしかなく、デモ行進それ自体の具体的な展開への注目はほとんどなされてこなかった。

そのなかで、主流の動員論とは異なるアプローチによる二つの運動研究が、例外的にデモ行進の展開を描いているといえる。一つは、シカゴ大学のD・ジャオによる一九八九年春の北京での大規模学生運動（天安門事件）研究である（Zhao 2001）。彼は、「社会運動に関する、経験的に動機付けられた構造分析」（Zhao 2001: 355）を天安門事件に適用することで権威主義的体制において有効な「国家―社会モデル」を構築し、中国の国家―市民社会の関係性と天安門事件とを結びつけた上で、「運動動員の生態学」（ecology of movement mobilization）と称して――当該書に捧げられた「まえがき」でC・ティリーはその作業を「学生の活動化の基盤に関する社会地理学」（Tilly 2001: xi）と呼んでいるが――大学・寮の位置とデモルートを空間的に描いている（Zhao 2001: 239-266）。

たとえば、成功裏に終わった四月二七日の大規模デモ行進のルートと、北京の諸大学の配置、警察防衛線の関係を地図に描きつつ（Zhao 2001: 257）、天安門事件のような権威主義体制下での動員を説明する上では、先行する連帯集団とネットワークの存在を前提にする資源動員論では不十分だと述べる。なぜなら権威主義体制では地区を越えた団体や個人の連携はきわめて難しく、隣り合う大学同士、大学寮内での人間関係が運動の基盤になるがゆえに、大学や寮の空間的配置などの「生態学的要因」が大きな影響を与えるからだという。デモ行進に関しても、地図に示されたデモルートが「ジグザグ」になっているのは、警察の防衛線の位置など、デモ現場の生態学的な状況に影響を受けたものであり、事前の組織の計画どおりではないとする（Zhao 2001: 263）。ジャオは、構造分析と生態学的な分析を組み合わせ、そこにゲーム論的な国家―運動の相互作用分析を組み合わせることで、主流の動員論的なアプローチとは異なるものを提示している。その文脈でデモ行進の空間的展開図が登場するわけである。

もう一つが筆者の研究（濱西 2012, 2016）である。濱西（2012）はデモ行進への住民の対応を描くために、二〇〇九年のピッツバーグG20とコペンハーゲンCOP15（第一五回国連気候変動枠組条約締約国会議）におけるデモルートとそれを支えるインフラについて空間的な描写を行っている。また濱西（2016）は、従来の組織中心アプローチからアクション中心のアプローチへの転回を主張しつつ、多様な争点・アクター・アクションが混ざり合うサミット・プロテストの特徴を形成する因果的メカニズムを重層的に説明しようとするが、その際に、マクロな福祉レジームの類型、メゾレベルのサミットの制度的な受益・受苦構造とともに、ミクロレベルにおけるメカニズムとして時間・空間的な制約のために密集する多様なアクションの様子を、コペンハーゲンCOP15と北海道洞爺湖G8サミットを事例に一部描き出している。

つまりジャオは、大規模学生運動における運動行為の特徴（デモルートの変化など）を説明するために、社会構造に関する国家・社会モデルと「運動動員の生態学」を登場させ、筆者は、サミット・プロテストにおける運動行為の特徴（空間的な密集）を説明するために、福祉レジームや制度的受益・受苦とともに、運動行為の展開図を示している。天安門事件の特徴とサミット・プロテストの特徴にそれぞれ焦点を当てて、形成メカニズムを説明していく両者のアプローチは、マクロな社会構造とミクロな現場での運動行為展開をほぼ直接つなぐ非－組織中心のアプローチであり、それゆえデモ行進とその環境を組織戦略に回収されない形で、ある程度、正面から描けるようになっている。

ただし、どちらも社会構造を含む大きな因果関係のメカニズムの終局として具体的な運動行為を位置づけるがゆえに、そのメカニズムに関係する範囲内で（ジャオはルート変化の側面、筆者は密集の側面で）デモ行進の展開が記述され、その環境の一部（大学や警察の配置、サミットの開催期間・開催地）の作用が考察されるにとどまっている。そこで本章では、方法論的検討をふまえてデモ行進の展開をより包括的に記述し、環境がその展開（特にデモの合流・方向）に及ぼす作用について考察することを課題としたい。その作業は、デモ行進の意味やメカニズムを解釈・説明する研究の土台ともなるものである。

本章で取り上げる中心的事例は、「シアトルの闘い」（Battle of Seattle）と呼ばれ、その後のオルタ・グローバル化運動の世界的な盛り上がりの契機となった、一九九九年シアトルにおける世界貿易機関（以下、WTOと略記）閣僚級会合への大規模な運動行為群である。この運動についてはこれまでさまざまな研究がなされてきたが（Smith 2001; Herbert 2007ほか）、抗議集会やデモ行進はエピソードとして触れられるにすぎず、その空間的展開に関する研究はなされていない。他方で後述するように、シアトルにおけるさまざまな運動行為に関するデータベースは公開されており、記述・分析に活用することができる。なお、比較対象としてその一〇年後の二〇〇九年ピッツバーグでのＧ20サミットの事例も取り上げることにしたい。

以下、第２節においてデモ行進の展開（合流・方向）とその環境に注目する意義と記述方法について確認し、第３節ではシアトルＷＴＯとピッツバーグＧ20をめぐるデモ行進の展開とその環境の記述を具体的に進めていく。その上で第４節でデモ行進の合流・方向性の特徴を整理し、そこに物理的環境が及ぼす作用について考察する。

２　デモ行進記述の方法論――ＷｅｂＧＩＳを用いて

デモ行進には多様な側面があり、またきわめて流動的である。合法的で主催者・団体が明確な場合でさえ、参加者数はしばしば誰にも予測ができない。まったく予想外のさまざまなトラブルや対立も起こる。終了する予定が終了せず、進む予定が進まず、始まる予定が始まらないで、すべてが中止になる。思いもよらないところでデモ行進同士が合流し、あるいは一部が分離して、予想外の動きをするようになる。急速に参加者が増えたり減ったり、突然、中止・解散させられたりする。全体像はしばしば誰にも把握できない。それゆえその動きをなぞるように描くことは困難であった。

しかし近年では、オルタ・メディアや参加者によってデモ行進を含むさまざまな運動行為の時系列の展開がタイムラインとして記録・公開されるようになり[17]、またグーグルマップなどによってデモルートの周囲の建造物や地形も把握できるようになった。それゆえ、今やわれわれは一部のデモ行進については、その展開をかなり詳細に記述することができるようになっている。

そこで本章では、まずタイムラインでデモルートを把握し、その展開をグーグルマップに矢印等で記述していく作業（始点・終点、合流・分離、ルート変更、出来事などについてその発生時間とともに書き込み、参加者の規模は矢印の太さで描く）を進めていくことにしたい[18]。

とりわけ、デモ行進の特徴としてこれまであまりとらえられてこなかったのは、デモ行進の合流と方向のありようである。例外的にジャオ（Zhao 2001）はデモ行進の「方向」の変化を、濱西（2016）はデモの「合流」も含めたアクションの重なりも描いていると言えなくはないが、主流の組織中心の社会運動研究においてはそれらの特徴はほとんど無視されてきたし、メディアなどでもほとんど議論されてきていない。

しかし、デモ行進の合流や方向のありようは十分、記述・検討されるに値するだろう。たとえばデモ行進の合流は、そこに最低限の合意があるためになされるようにみえるし、少なくともすみわけ可能な関係があることがうかがえる。もちろん、まったく合意なく、あえて混乱を生み出すために臨機応変になされることもあるだろう。合流は、対等の合流、包摂・吸収する形での合流、従属する形での合流、ブロックに分かれてすみわけつつの合流などが区別可能で、それぞれのもつ意味やメカニズムは異なると考えられる。ある種の合流は、〈違いをパフォーマティブ（遂行的）に乗り越える〉といった意味を有するのかもしれない。また抗議目標での合流とそれ以外での合流を区別することもできるだろう。合流が抗議目標付近でなされる場合に混乱が生じるであろうことは予想できるし、途中での合流はデモ参加者の規模を拡大するためのものとみなせるかもしれない。合流元のデモ行進数もさまざまで、二つが一つに合流することも、三つが一つに合流することもあり、それぞれのもつインパクトは異なるかもしれない。

またデモ行進の方向性は、デモ行進が抗議目標に近づいていく場合は抗議の意思を示しているようにみえるが、反対に遠ざかる場合には無関係であるか、目標に向かうデモ行進への対抗デモであるかのようにもうかがわせる。また始点から終点まで方向がほとんど変化しない場合もあれば、方向転換が起こる場合もある。それはたんに道路事情による場合もあれば、警察をかく乱するための場合もあるだろう。Uターンするときは、警察との衝突を避けるためかもしれないし、「ジグザグ」しながら周回する場合は、その空間を占拠し続けたり周囲を威嚇したりするためかもしれない。

このようにデモ行進の合流・方向にはさまざまな意味がうかがえるが、検討の土台となるデモ行進の展開自体がほとんど記述されていない以上、どうしても印象論にとどまらざるをえない。本章で、合流・方向を中心にデモルートの記述に傾注するのはそのような現状を乗り越えるためである。加えて、変化が激しくとらえがたいデモ行進を記述する上で、デモ行進の合流や方向は比較的とらえやすく、図示もしやすい。[*19]その意味で、今後進めていく多種多様なデモ行進記述の軸にもなりえるだろう。

つぎに本章では、デモ行進に環境が与える作用に注目する。[*20]やはり例外的にジャオ（Zhao 2001）はデモ行進の方向転換への警察の作用、濱西（2016）はアクションの重なりへの時間・空間的制約の作用を描いていると言えなくないが、組織中心の社会運動研究においては、デモ行進と環境の相互作用はほとんど無視されてきた。しかし第2節冒頭で述べたようなデモ行進の多様性・流動性は、デモ行進を取り巻くさまざまな環境の作用も考慮しなければ、十分に説明することができない。たとえば、合流のありように、大きな道路の交差点、大きな広場や公園、スタジアム、象徴的な建物の存在は影響を与えうるだろう。また海や川、山、湖、池などの地形や、長大な建築物、高速道路や列車線路などの大規模建造物の存在は、組織戦略以前に、デモルートを方向的に限定するようにみえる。[*21] そのことを検討するために、やはりデモ行進とその環境を記述する作業が欠かせない。[*22]

そこで本章では、デモ行進を取り巻く環境、特に海や川、高速道路、大学、運動場、スタジアム等の配置をグーグルマップ上に描き、デモ行進への物理的環境の作用についても検討していくことにしたい。

3 デモ行進とその展開――ピッツバーグG20との比較

シアトルWTO抗議行動

一九九九年一一月三〇日から一二月三日までシアトルで開催されたWTOの第三回閣僚会議（少なくとも二年に一度開催される最高意思決定機関）をめぐる抗議行動は、これまでも世界的に注目を集めてきた。シアトルWTOは、「世界中で活動していたさまざまな集団、社会運動組織（SMO）――ブルーカラー労働者、農場労働者、消費者、環境主義者、教会とフェミニスト、平和主義者、人権団体――が巻き込まれ、集められていくプロセス上の重要点」であり、「転換点」であったとされる（della Porta et al. 2006: 7）。「シアトル以後、全ての国際サミットに、対抗サミットと抗議のデモが付き添うようになった」という(della Porta et al. 2006: 9)。実際、大規模な合同デモや集会、直接行動(道路封鎖など)は、これ以降のサミット・プロテストにも継承されていくことになる。

本項では、WTO抗議行動をふりかえりつつ、デモ行進の空間的展開を具体的に描いていく。その際に依拠するのはおもに二つのデータである。まずワシントン大学が「WTO History Project」として収集・公開しているデータである。[*23] 一九九九年一二月から二〇〇〇年半ばまでの間に発生した出来事が時系列的に収集されており、実際に発生したアクションを描いた「動員イベントタイムライン」(日時・名称・主催・詳細・場所を整理したファイル)と「閣僚会合週タイムライン」(一一月二九日~一二月三日の出来事を時系列に並べた文章)から構成されている。つぎに、新聞『シアトル・タイムス』に一一月二八日(日)に掲載された、一二月三日(金)までの抗議スケジュール[*24]である。本章ではデモが本格化する二九日と有名な三〇日の抗議行動を取り上げることにしたい。

まず、一一月二九日(月)はWTO会合に参加する要人のためのレセプションパーティの日であり、昼と夕にそれぞれ大規模なデモ行進が実施された[図1]。まず昼一二時より中心部の第一合同メソジスト教会からWTO総会の会場(コンベンションセンター)に向けて、環境問題をテーマとしたデモ行進「ボストンWティーOパーティ・マーチ」(「地球の友」、シエラクラブほか主催)が約三五〇〇人によって実施された。デモ行進は五番通りから七番通りへと進み、一三時よりパイン通りとパイク通りの間でフォークソング集会の実施へと至る。その後、パイン通り、二番通りと進み、一四時には警察の防衛線といったん対峙する。

やがて大学通りから第五州間高速道へ向けてデモ行進がなされるが、今度は機動隊の防衛線と対峙することになった。デモ隊はそこで、北西のＮＩＫＥタウンを向いて座り込みを開始する。一四時三〇分頃から黒い服装の若者たちが新聞箱を壊し、ＮＩＫＥ店舗の窓を叩きはじめたために、一四時三五分にデモ隊はそこで解散した。ただし五〇〇〜一〇〇〇人がその後もデモ行進を継続し、警察と対峙したという。

つぎに夕方一七時より、同じく第一合同メソジスト教会からＷＴＯレセプション会場である南部のスタジアム展示場へ向けて、約五〇〇〇人がデモ行進「ジュビリー２０００：債務帳消しへの人間の鎖」（ワシントン州教会連合主催）を行った。並行して一七時三〇分頃にシアトル美術館の周囲に全米鉄鋼労働組合の労働者約六〇〇人が集まり、集会後、同じくＷＴＯレセプション会場へ向けてデモ行進を開始した。いずれのデモ行進も、レセプション会場自体には警備で近づけなかったとされる。

翌一一月三〇日（火）はＷＴＯ総会一日目で、もっとも激しい抗議行動、大規模なデモ行進が実施された日である［図2］。午前中からすでにダウンタウン各地で活動家による道路封鎖がなされ、また会場付近の柱などに体を縛りつけるなど、身を挺しての抗議行動も開始された。まず朝六時より「ＷＴＯを封鎖しろ：大規模非暴力直接行動」（グローバルアクション、直接行動ネットワーク、アースファーストほか主催）のために人々が海沿いのステインブルエック公園に集まりはじめる。八時よりパイン通りと第五州間高速道の交差地点や四番通りと大学通りの交差地点において、抗議者が道路のガードパイプやコンクリートブロックに体を縛りつけていく。八時四五分からは黒い服装の若者二〇名ほどが五番通りからワシントン体操クラブ方面へ店舗破壊をしつつ移動し、五〇名ほどに増加していった。九時には六番通りとパイク通りの交差

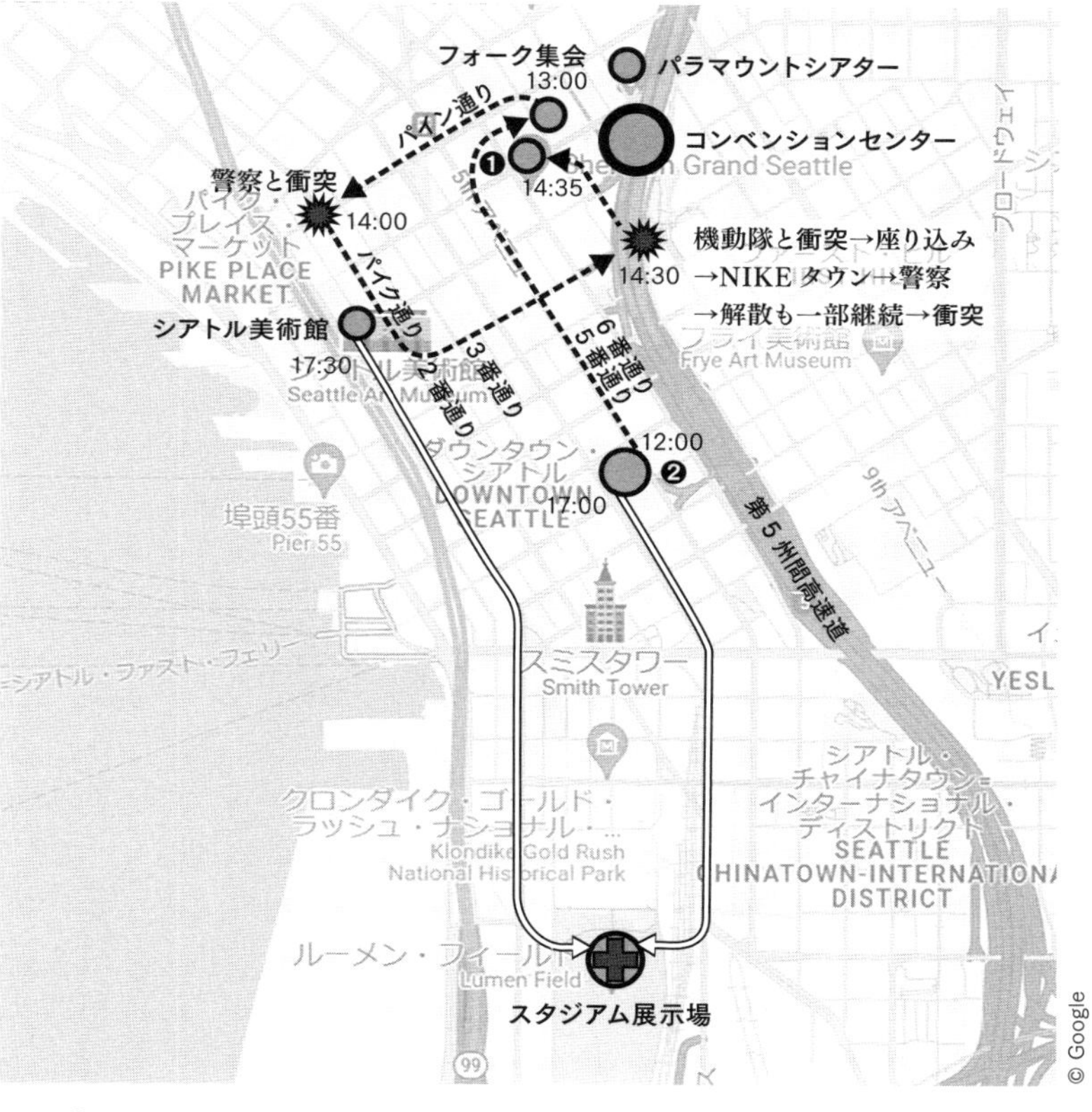

❶ NIKE タウン
❷ 第一合同メソジスト教会

図1　シアトルWTOをめぐる11月29日デモ行進のルートとその環境
（線の太さはおおよその参加者数の違いを、時刻は開始時間を表す。
「＋」マークはデモ行進の合流点を、太枠の丸はWTO会場を示す）＊25

地点において約三〇人が構造物に体を縛りつけ、また同時刻より七番通り上の、パイク通りとパイン通りの間の地点で代表団のWTO参加阻止をめざして道路封鎖が行われた。また九時一五分より六番通りからパイク通りへ約五〇人が太鼓を叩きつつ行進し、窓を破壊し、高級車・警察車のタイヤをパンクさせ、九時半にはパラマウントシアターとWTO会場であるコンベンションセンターの交差地に人々が集結しはじめる。パラマウントシアターで九時より予定されていたWTO開会式に各国代表団は出席できず、一〇時には式の延期が決定した。これらの直接行動の動きは、本章ではデモ行進としては位置づけず、したがって図2にも印をつけていないが、当時のダウンタウンの状況を表すものとして記しておく。

さて、デモ行進はまず九時よりシアトル大学からシアトル・セントラル・コミュニティ大学（以下、SCCC）へ向けてデモ行進「市内全域学生ウォークアウト」（学生連帯組合主催）が実施された。また同時刻より北部のワシントン大学で数千人の学生集会がなされ、その後、九時半にはSCCCへ向けてデモ行進が開始された。SCCCでの大学合同集会後、一〇時半よりメモリアルスタジアムへデモ行進「学生マーチ」がなされる。他方、八時半に環境主義者たちがデニー運動場に集まり、集会後、デモ行進「ビッグ・マーチへの環境主義者の動員」（シエラクラブ主催）がメモリアルスタジアムへ向けてなされた。メモリアルスタジアムでは一〇時より労働組合員と支援者二五〇〇〇人によって集会が開始された。そこに学生と環境主義者のデモ行進が合流し、一二時半よりダウンタウンに向けて大規模デモ行進「ビッグ・マーチ」が開始される。デモ行進は一二時五〇分に中心部のウェストレイク公園に到着した。

他方、八時より南部のフィリピン・コミュニティセンターで学生幹部集会が実施された後、国際地区へ

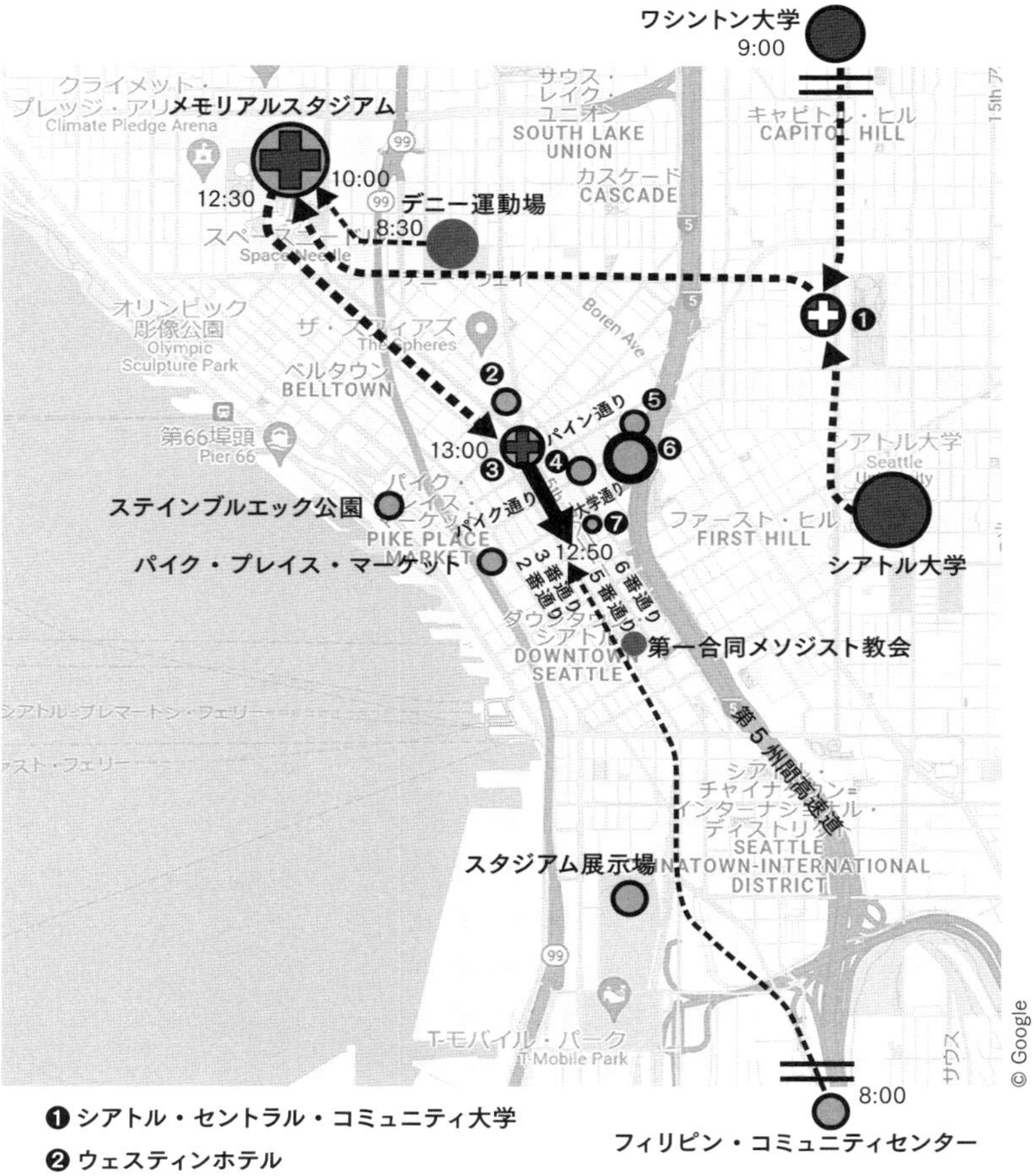

❶ シアトル・セントラル・コミュニティ大学
❷ ウェスティンホテル
❸ ウェストレイク公園
❹ NIKE タウン
❺ パラマウントシアター
❻ コンベンションセンター
❼ ワシントン体操クラブ

図2　シアトルWTOをめぐる11月30日デモ行進のルートとその環境
（線の太さはおおよその参加者数の違いを、時刻は開始時間を表す。
「＋」マークはデモ行進の合流点を、太枠の丸はWTO会場を示す）

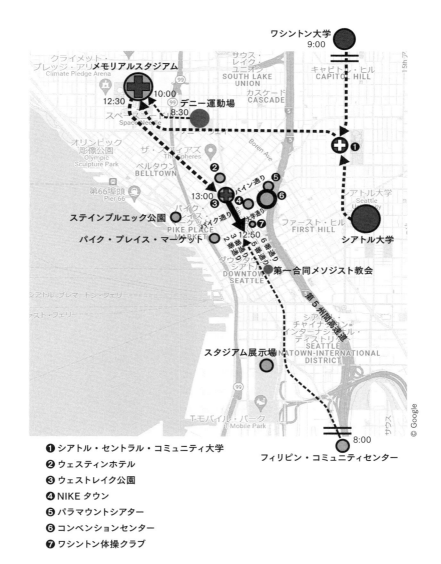

向けてデモ行進「人民集会マーチ／ラリー」が実施される。一一時に国際地区で集会を行い、その後、四番通りを北上してダウンタウンへ入り、南下する労働デモと合流した。三五〇〇〇人ほどが中心市街を埋めつくしたという。

一二時にはWTO開会式の中止が正式に決定される。米国務長官と米通商代表はウェスティンホテルに待機し、代表の会見も中止された。WTO総会自体は一四時より開始されたが、多くの国の要人を欠いたままであったという。一五時一五分にクリントン政権はシアトル市長に対して、「中心商業地から抗議者を排除できなければWTOは中止だ」と通告する。市長は一五時半に州政府に州兵派遣を要請し、一六時半には非常事態を宣言した。これにより一九時から翌日七時半までの外出が禁止される。同時刻にシークレットサービスが市長に、来市中の米大統領の安全を要求したため、六番通りとパイン通りの交差点から抗議者の逮捕が開始された。一六時四五分に州知事が州兵・州警察に市支援命令を下し、一七時から一八時にかけてダウンタウン全体で逮捕が行われたことで、しだいに抗議は小さくなっていった。

ピッツバーグG20抗議行動

二〇〇九年九月二四・二五日に開催されたピッツバーグG20サミットをめぐる抗議行動については、すでに濱西（2012）がデモのルートとその周辺の公園や支援組織事務所の配置を図示し、また濱西（2016: 201）が、事前にいっせい送信された抗議スケジュールの一覧を示しつつ、主催者も形態も多様な運動行為（市民サミット、失業者運動・女性運動・対気候変動運動の活動家による各キャンプとデモ行進、宗教団体による祈り、アナキスト系の道路封鎖行動など）があたかも一つの運動としてまとめられていることを整理している。ただデモルートの詳細が記述されているわけではない。ここではあらためて筆者自身の現地での参与観察および収集した資料にもとづいてデモルートを描き直し、シアトルの事例と比較できるようにしておきたい*26［図3］。

まず九月二四日（木）一二時より北部のフレンドシップ公園からアーセナル公園へ向けて、学生グループによるフィーダー・デモ（大規模デモ行進に参加者を届けるためのデモ行進）が行われ、一四時半よりアーセナル公園からG20会場であるコンベンションセンターへ向けて二〇〇〇名ほどがデモ行進「G6ビリオン・スピリチュアル・マーチ」（ピッツバーグG20レジスタンス・プロジェクト主催）を開始した。当局の許可を得ていないデモ行進であり、ダウンタウンに向けて坂を下る途中で道路を封鎖した警察・機動隊と衝突し、夜中まで大学街も含めて広く暴動のような状況となった。

翌二五日（金）には、一二時より合同デモ「G20への人民マーチ」（トーマス・マートン・センター反戦委員会主催）が行われた。まず大学街の五番通りとクラフト通りの交差点で集会がなされ（七一団体約八〇〇〇人：主催者発表）、その後、ダウンタウンの市庁舎兼郡庁舎へ向けてデモ行進が開始される。一四時より同庁舎前の抗議集会に移行し、その後、近くの連邦政府ビルへ向けてデモ行進がなされた。一五時より同ビル前で集会が実施される。その後はG20サミット会場下をくぐる一〇番通りを進む予定であったが、警察の封鎖でやむをえず七番通りへ移動し、アレゲニー川にかかる橋を渡り、その先にあるアレゲニーコモンズ公園で最後の抗議集会が行われた。

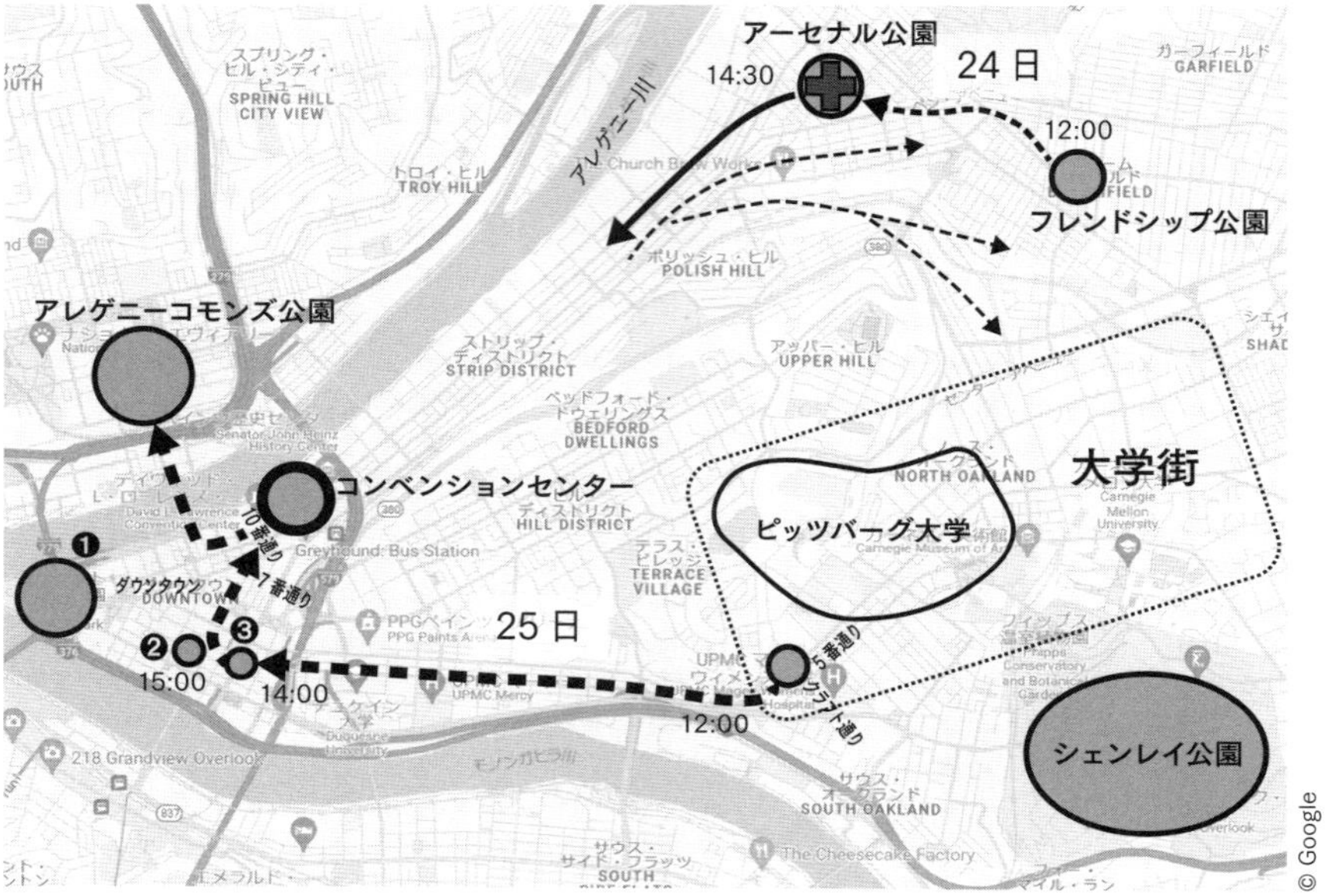

❶ ポイント州立公園
❷ 連邦政府ビル
❸ 市庁舎・郡庁舎

図3　ピッツバーグG20をめぐるデモ行進のルートとその環境
（線の太さはおおよその参加者数の違いを、時刻は開始時間を表す。
「＋」マークはデモ行進の合流点を、太枠の丸はG20会場を示す）

シアトルとピッツバーグの事例は、デモ参加人数が延べ一万～数万人規模である点、学生、労働者、移民、環境主義者、平和主義者など幅広い人々が参加している点、店舗破壊などの直接行動が発生した点などで共通しているといえる。

―4― デモ行進の合流・方向と要因

本節ではデモ行進の合流・方向に関する特徴について、図1・2・3をもとに比較検討したい。

まずシアトルにおいては、一一月二九日に教会と美術館からのデモ行進が、また三〇日にはスタジアムとフィリピン・コミュニティセンターからのデモ行進が、それぞれ抗議目標であるWTOレセプション会場とWTO会場で合流している。また三〇日には二つの大学からのデモ行進がSCCCで合流し、学生デモと環境主義者のデモがスタジアムで合流していることもわかる。他方、ピッツバーグでは、抗議目標での合流はみられず、九月二四日にフレンドシップ公園からのデモ行進がアーセナル公園で合流しているだけである。ただ抗議目標そのものでの合流のケースを除けば、いずれの場合も大学やスタジアム、公園が合流の場所として活用されていることがわかる。シアトルにおいてはSCCCとスタジアムが、ピッツバーグでは北部のアーセナル公園、フレンドシップ公園が重要な役割を果たしていたといえる。

場所の重要性はデモ行進開始時の集結地点にもいえる。たとえば、シアトルにおける二九日のデモ行進は教会と美術館、三〇日のデモ行進は大学、運動場、スタジアム、コミュニティセンター、またピッツバーグでは二四日は公園、二五日は路上を集結地点としている。他方、ピッツバーグにも大学が数多くあり、公園も多いが、それらはデモ行進の集結地点としては活用されなかった——ただ大学やシェンレイ公園などは夜中の暴動の主たる舞台となり、ダウンタウンのポイント州立公園や教会は、女性運動家やアナキストたちがサミット開催期間中に滞在可能なキャンプ地として活用されていた。

つぎにデモ行進の方向性に注目すると、シアトルにおける二九日の昼と夜のデモ行進は、どちらもかなり直接的に目標（WTO会場、レセプション会場）に向かっているが、三〇日の北部からのデモ行進は遠まわりするように大学から大学へ、大学からスタジアムへ、運動場からスタジアムへとなされ、その後、一気に南下している。南部からはまた別のデモ行進が北上しており、その結果、二つのデモ行進が抗議目標となるWTO会場をはさみ込むかたちになった。シアトルでは、WTO会場が中心部のダウンタウンに存在し、東北部に大学街、西北部に公園・スタジアム、南部に国際街と移民街と、レセプション会場が位置した。要人は中心商業地区のシェラトンホテルやウェスティンホテルに滞在し、デモ行進の集結地点は周辺の大学、コミュニティセンター、公園、スタジアム、運動場である。デモ行進の物理的障壁といえるのは、ダウンタウン西側の海と東側の第五州間高速道であり、実際、デモ行進はその間で、およそ南北になされている——北西からダウンタウンへ、あるいは南東へというデモ行進が三つ、南東からダウンタウンへというデモ行進が一つ存在する。

他方、ピッツバーグでは、東北部から中心部へのデモ行進が一つ、東部から中心部へのデモ行進が一つみられる。どちらも直接的に目標に向かうデモ行進である。ピッツバーグでは、G20会場が三角州の端にあり、やや離れた東部に大学街、北部に公園が存在する。要人はダウンタウンのホテルに滞在し、デモ行進の拠点・集結地点は東部の大学街の端、およびそのさらに東側に点在する。三角州を取り巻く北・西・南側の川がデモ行進の物理的障壁となっており、実際、東側からのデモ行進が中心になっている——シアトルと同じく抗議目標をはさみ込むことは可能だったがなされてはいない。

シアトルにおいてもピッツバーグにおいても、デモ行進の展開は、その物理的な環境によって（組織戦略以前に）制約を受けているようにみえる。シアトルで多くの合流が可能になった背景には周辺に大学スタジアムが位置していたことがあり、ピッツバーグでも公園が重要な役割を果たしている。また、シアトルでの二九日のデモ行進が中心部から南へ進み、また三〇日の北部と南部からのデモ行進が目標をはさみ込むかたちになったのは、西に海、東に高速道が存在したからであり、ピッツバーグでの二四日のデモ行進が南西へ進み、二五日の東部からのデモ行進が西へ向かったのも、三角州の端に目標、北・西・南に川が存在したことによる、という因果関係がうかがわれるのである——ただし本章の課題は、そのような因果関係の説明（あるいは意義の解釈）の前段となる、デモ行進とその環境の記述・考察であり、物理的な環境がデモ行進の合流・方向のありように作用しうる可能性を指摘するにとどめたい［表1］。

5 運動行為の特徴（合流・方向）と物理的環境

以上、本章では、方法論的検討をふまえてデモ行進の展開を包括的に記述し、その展開（特に合流・方

表1　デモ行進の合流・方向とその物理的環境

<table>
<tr><th></th><th></th><th>デモ行進の合流・方向</th><th>合流・方向に作用しうる物理的環境</th></tr>
<tr><td rowspan="4">シアトル</td><td rowspan="2">11月
29日
(月)</td><td>【合流】教会／美術館からのデモ行進がレセプション会場で合流</td><td>合流（集結）可能な教会、美術館、レセプション会場</td></tr>
<tr><td>【方向】中心部からのデモ行進は直線的に南の目標へ</td><td>中心部の南に抗議目標、西に海、東に高速道</td></tr>
<tr><td rowspan="2">11月
30日
(火)</td><td>【合流】２大学からのデモ行進がSCCCで合流／SCCCと運動場からのデモ行進がスタジアムで合流／スタジアムとコミュニティセンターからのデモ行進がＷＴＯ会場で合流</td><td>合流（集結）可能な大学、運動場、スタジアムおよびＷＴＯ会場</td></tr>
<tr><td>【方向】北からのデモ行進は西へ遠回りした上で南へ、南からのデモ行進は直線的に北へ向かい、目標を挟み込む形に</td><td>中心部に抗議目標、西に海、東に高速道</td></tr>
<tr><td rowspan="3">ピッツバーグ</td><td rowspan="2">9月
24日
(木)</td><td>【合流】フレンドシップ公園とアーセナル公園からのデモ行進が合流</td><td>合流（集結）可能な公園</td></tr>
<tr><td>【方向】東北からのデモ行進は直線的に南西の目標へ</td><td>三角州の端に抗議目標、北・西・南に川</td></tr>
<tr><td>9月
25日
(金)</td><td>【方向】東からのデモ行進は直線的に西の目標へ</td><td>三角州の端に抗議目標、北・西・南に川</td></tr>
</table>

向）に物理的環境が及ぼす作用について考察してきた。第2節ではデモ行進の記述方法論を定め、特に合流・方向への物理的環境の作用に着目する意義と方法を検討した。その上で第3節においてシアトルWTOとピッツバーグG20におけるデモ行進の展開とその環境の記述を進め、第4節では両事例の共通点と差異をふまえつつ、デモ行進の合流・方向に作用しうる物理的な環境について考察した。

デモ行進を社会運動組織の選択肢・手段の一つとしてではなく、記述・分析の対象としてとらえる視座、デモ行進を空間的に図示する具体的方法の提示と実践、物理的環境がデモ行進に及ぼす作用への着目、これらはいずれも先行研究がほとんど取り組んでこなかったことであり、本章の成果といえる。特にデモ行進の展開に関する具体的な記述法の提示は、研究を多種多様な事例に拡大していく上で欠かせないものであり、物理的環境への注目は、デモ行進をめぐる因果関係の研究にとって直接的な土台となりえるだろう。

振り返ってジャオ（Zhao 2001）は、天安門事件において警察の防衛線によってデモルートが変更されたことを指摘していたが、シアトルの二九日のデモ行進がレセプション会場の近くまでしか進めなかったことも、ピッツバーグの二四日のデモ行進が方向転換し拡散・暴動へ至ったことも、同様に警察・軍の防衛線の存在による。ただシアトルでは三〇日の午後以降になって防衛線がつくられるようになったわけであり、その影響は天安門事件とくらべればまだ限定的であったともいえる――地理的影響は平坦な北京での天安門事件にくらべておそらく大きい。また濱西（2016）はコペンハーゲンと札幌でのアクションの密集と時間・空間的な制約について語っていたが、シアトルでは合流することで段階的に密集に至っている点が特徴的である。ピッツバーグと比較してもシアトル・デモにおける合流の多さは独特で、加えて抗議目標をはさみ込んだデモ行進の方向性も特徴的である。各地からのデモ行進が合流・拡大し、最後に南北からはさみ込むかたちでデモ行進がなされるという状況は、さまざまな予想外の出来事を生む要因になったかもしれない。

いずれにせよデモルートとその環境の作用に関する考察は、組織戦略に回収されないような運動の側面の存在を示唆するものである。[*27] もちろん、本章では二つのデモ行進群（先行研究を含めても六つ）の記述を進めただけであり、数多くの事例の記述と比較検討が必要不可欠である。

次章では、さらにデモ行進の記述を進め、合流・方向とは異なる別の特徴（拡散）および社会的環境にも目を向けていく。

第2章

運動行為の展開

2009年コペンハーゲンCOP15

1　デモ行進の拡散をとらえる

本書では、第1章に続いて、デモ行進の展開とその環境を描く作業を重ねていきたい。本章で取り上げる事例は、二〇〇九年一二月にコペンハーゲンで開催されたCOP15（第一五回国際連合気候変動枠組条約締約国会議）に関わるさまざまなデモ行進である。それらを記述しつつ、物理的・社会的環境、特に運動行為を支える社会センターや「自治区」のような自律的スペースを描き、集合的に行われるデモ行進が個々人の行動へと拡散（そして再集結）するタイミングとプロセスに焦点をあてる。拡散は合流と並んで個人の行動と集合的な行動を区別する上で大切なポイントだからである。

以下では、まず第2節でコペンハーゲンのさまざまな自律的スペースとCOP15をめぐる抗議行動の概要をグーグルマップ上に記述する。その上で第3節では、個人に拡散するプロセスとそのタイミングをとらえるために二つのデモ行進を詳細に記述し、第4節で合流と拡散の関係について考察する。

2　デモ行進の配置・展開と社会的環境

コペンハーゲンには、他の欧州諸都市と同様、さまざまな社会運動に関わる個々人・グループによって管理・活用される建物やスペースが数多く存在している。たとえばコペンハーゲン駅近くの「ラフス」や

「クリスチャニア」、移民の多いノアブロー地区の「人民の家」、また「若者の家」「ストベリエ」や「ボルシュファブリッケン」などの社会センター、さらに運動を支援する法律事務所、活動家用メディアセンターなどである。グローバルな都市抗議においてはすでに慣例的なことであるが、それらの空間は、COP15期間中、各イベントを紹介する情報拠点（インフォセンター）、国内外の抗議者を受け入れる宿泊施設や飲食施設、抗議行動の準備作業や会議のスペース、Wi-Fi使用スペースなどとして機能した。「ラグンヒルデガード」は二〇〇〇人、「テグルホルメン」は一五〇〇人、そして一九七〇年代から続く広大な自治区「クリスチャニア」[*28]は数千人の活動家・抗議者を受け入れた。それらのスペースでは、COP15期間中もふくめ、ふだんから場を維持するための闘争や警察との交渉がなされていた。[*29]都市に散在するこれらの空間の存在自体が運動行為の成果であり、そこでは日常生活全体が抗議行動にもなっているのである。

　これらのセンター等の配置を背景として、COP15にあわせて二〇〇九年一二月初旬からさまざまな運動行為が開始された。たとえばCOP15開始日の一二月七日（月）から一八日（金）まではコペンハーゲン駅近くの大規模スポーツ施設（DGI-byen）において、対抗的なサミットとして「気候フォーラム09」が大規模に開催された。それは世界中からコペンハーゲンに集まった多くの運動行為者が、温かく安全な場所で話し合い、情報を共有しあえる巨大なインフラとしても機能した。また一二月五日（土）から一八日には、クリスチャニア内のテント群と市庁舎前広場においてオルタナティヴな生き方の具体的事例を紹介する「下からの気候会議」も開催されている。

　一二月一一日（金）には、グローバル企業家が集まるシンポジウム会場であるコンサートホール「フォーラム・コペンハーゲン・ホール」に向けて、最初のデモ行進が行われた。ついで一二日（土）は、「グローバル・クライメイト・アクション・デー」と呼ばれ、気温〇度近い中、午前一〇時から環境団体「地球の友（FOE）」主催のフィーダー・デモ（合同デモ行進の開始地点まで牽引するデモ行進）である「クライメイト・フラッド」が、コペンハーゲン駅近くの広場から議会前広場まで行われた。広場では音楽や演説を交えたイベントが開催され、午後一時からCOP15会議の会場（ベラセンター）へ向けた数十万人規模の合同デモ行進が開始された（一一日と一二日のデモ行進は次節で詳述）［図4］。

図4　コペンハーゲンでの運動行為の様子（筆者撮影）
上／情報拠点の掲示板
中／フィーダー・デモの様子
下／気候フォーラムの様子

一三日（日）には、グローバルな商取引に対するデモ行進が北部の国際港湾に向けて実施された。一部、ルートから離れた無許可デモに対しては警官隊による拘束が行われた（翌日には解放）。一四日（月）には金融・債務・移民を、また一五日（火）には農業・環境をそれぞれ中心テーマとするデモ行進が実施された。そして、一六日（水）にはCOP15会場内部のNGO（許可を得たNGO関係者だけで数千人）と外部のデモ隊とが合流するという試み（「リクレイム・ザ・パワー」）がなされた。

以上の運動行為と自律的スペースの配置をグーグルマップ上に示したのが**図5**である。

地理的関係を確認しておきたい。図5からわかるように、デモ行進は、運河で囲まれた中心部で、基本的に大きな通りにそって実施されている。社会センターなどのスペースの多くは運河の外側に位置するので、デモ行進はそれらのスペースの内側で実施されているといえる。

デモ行進は中心部を横断するかたちで実施されているが、あまりルートが重ならないように複数の日に分けて実施されており、テーマごとに実施日を統一することですみわけもしている。いずれも筆者が参与観察を行った事例であるが、交差や合流はほぼなく、警察の誘導や解散命令にもある程度従っていた。グローバル企業家が集まるシンポジウム会場（上述）に突入したり、道路を封鎖したりする直接行動もなかったわけではないが、きわめて限定的であった。

住民もデモ行進をあたたかく見守り、小学校の前を通るときには小学生や先生から拍手や声援を受けていた［図6］。

路上で孫と一緒にデモ行進を眺めていた女性に聞くと、「私も若い頃はデモに参加しました」と答えて

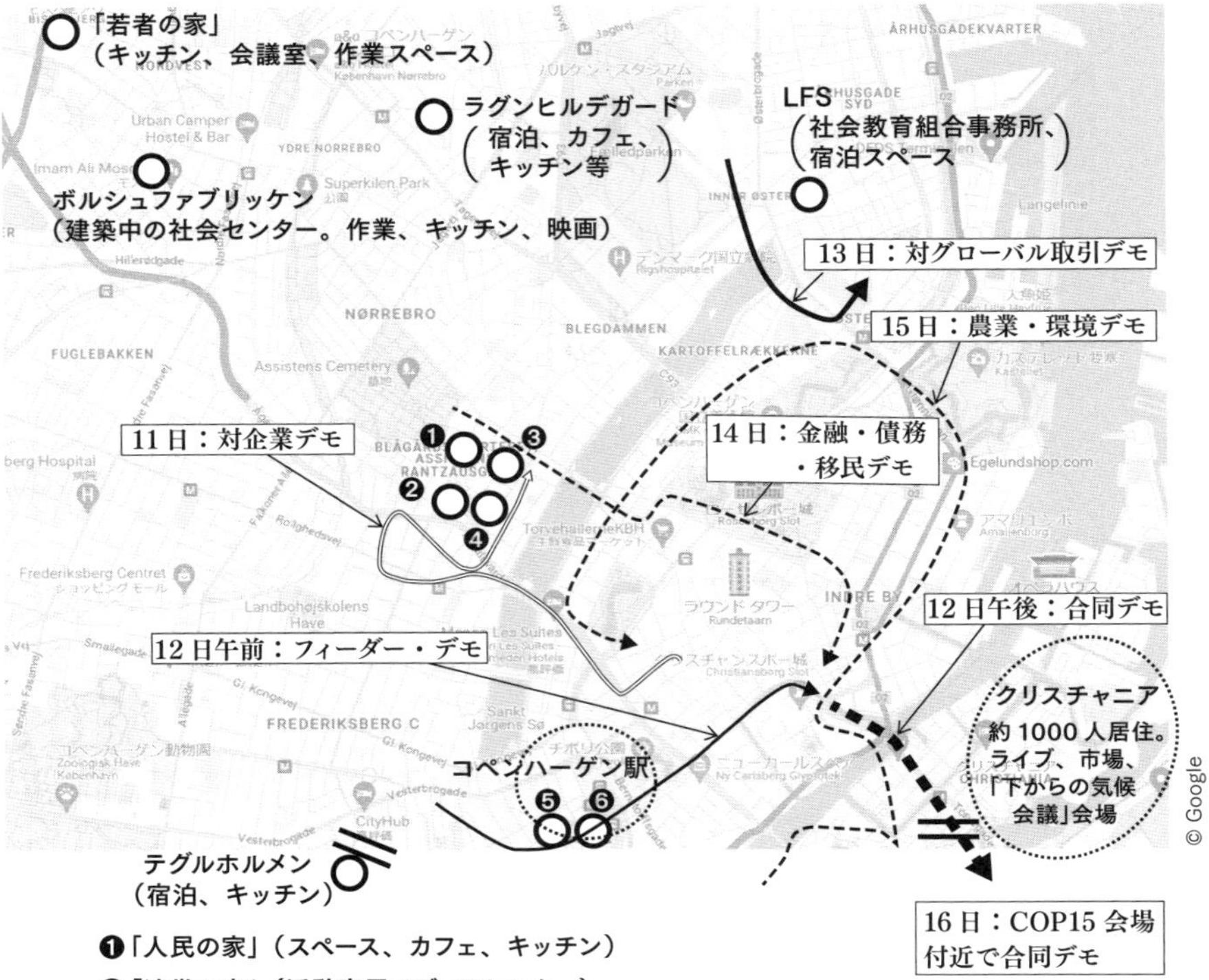

❶「人民の家」（スペース、カフェ、キッチン）

❷「連帯の家」（活動家用メディアセンター）

❸支援弁護士事務所

❹ストベリエ（合流センター。食事、法的相談、支援、会議）

❺ラフス（情報拠点、キッチン）

❻DGI-byen（スポーツ施設。気候フォーラム）

図5　2009年コペンハーゲンCOP15をめぐるデモ行進とスペース
（線の太さはおおよその参加者数の違いを示す）*30

くれた。一二日のデモ開始点近くにいた女性も「昔は私もデモをしましたよ」と語っていた。「今までたくさんデモを見てきたよ」とある男性は笑顔で語り、日本料理屋の日本人女性スタッフも「確かにふだんからデモは多い」と述べた（筆者のフィールドノートより）。コペンハーゲン大学のローズガード教授に話を聞いたところ、「デモ行進はごく普通のことであり、たとえ逮捕されたとしても何も問題にはならない。暴力や犯罪なら別だが、デモ行進の最中になら『不運だったね』ですむ」のだという。デモ行進は、選挙とならんで「民主主義社会に生きる者の義務」と考えられており、「選挙と選挙の間に政府が政策を転換しようとすれば、デモしか自分たちの考えを示す手段はない」と語った。

図6　小学校の前で手をふる子どもたちと応えるデモ参加者（筆者撮影）

実際、テレビ（公共放送）では毎日、抗議者の発言が放送され、翌日のデモルートも紹介されていた［図7］。

このようにデモ行進や集会はコペンハーゲンではごく日常的な風景であり、警察の対応も、地域住民の反応も、メディアの取り上げ方も、非日常的、非合理的な現象に対するようなものではない。合同デモが数十万人規模になったり、いたるところで行われるデモ行進に好意的な目線が向けられたり、デモ行進のルートが公共放送で流れたりするのも、日常的で合理的な活動だとみなされているからだろう。それらの反応は、社会的環境として運動行為の展開に作用するのである。

図7　ローカルTVに映された運動行為者と12日に予定されているデモルート
（11日21時、公共放送TV 2 Lorryのニュース番組［筆者撮影］）

―3― 二つのデモ行進とその展開

一二月一一日（金）のデモ行進

つぎに、集合的な営みが個人の行為に拡散するプロセスについて検討するために、運動行為をさらに詳細に記述していきたい。取り上げるのは、COP15期間中、最初のデモ行進であり、翌日の大規模デモのありようも示唆した一二月一一日のデモ行進である。

まず、オルタナティブ・メディアによって作成されたタイムライン[*31]をそのまま引用する。傍線部は、集合が個人に拡散するタイミングとプロセスに関連すると思われる出来事であり、傍線は引用者による。図8は、以下のタイムラインにもとづいて抗議者の動きを描いたものである。

九時　今日の午前一〇時よりニュートー広場において計画されているアクション「嘘を買ってはいけない――われわれの気候、あなたのビジネスではない」のためのミーティングが行われる。

一〇時：町の中心部で人々が止められ、捜索されているという報告があった。警察によって宿泊施設が捜索され、人々は去り、持ち物が没収された。

一〇時一五分：デモ開始点に二〇〇名ほどが集まった。

一一時：デモ行進は、車両で通りを封鎖している警察によって止められるまで約二〇〇m移動した。警察は、デモを継続する前にデモ行進の「リーダー」を指名するように求めている。

一一時一〇分：警察は、このデモ行進が解散されるべきだと発表した。現在、そこには約二〇〇人がおり、その多くは警察に包囲されることを避けてすでに去りつつある。群衆は動きつつあるようである。当該エリア内の人数は約八〇〇人と推定される。

一一時一九分：状況は落ち着いているが、警察は依然としてメインの広場横の交差点でデモ行進の進行を阻止している。群衆を取り囲もうとしはじめた。

一一時四〇分：警察が、フォーラム・コペンハーゲンを含む町の周辺や駅のそばで、人々を止めて捜査しているという報告が多くある。

一一時四〇分：現在、デモ行進の群衆はヴェスタポート駅のそばまで移動した——黄色いジャケットを着た警察は、群衆のまわりを走って取り囲もうとしている。

一一時五〇分：デモ行進は、ヴェスタポート駅で異なる方向へ分散し、フォーラムに向かっている。直近、少なくとも三名の逮捕が確認された。人々は、異なる方向へジョギングしたり走ったりしている。フォーラムにいた三〇〇～四〇〇人は、路上で警察や多くの警察車両をブロックしている。

一二時五分：警察は、ホーゼンノルン通りにおいて、人々の前進を許し、撤退した。人数を推定するのが難しいのは、さまざまグループが動きつづけているからである。サンバ・バンドが演奏をしている。おそらく五〇〇人ほどが現在、フォーラムにいる。警察が人々の動きを阻止しようとするので、押している人々もいる。状況はかなり穏やかである。

一二時二五分：フォーラムにいる群衆は、ただ動こうとしている——警察はそれを止めようとしている。ヘリコプターが上空にいる。数百名の群衆は現在、フォーラムを離れてホーゼンノルン通りを下り、たった今、H・C・オレスタッド道へ進路を向けた。

一二時四〇分：現在、人々は南に向けてヴォドロフス道へ曲がっていく。逮捕の報告は聞かないが、警察が人々のバッグをチェックしているという報告があり、大通りから脇道にそれざるをえなくなった。デモ行進の主要な部分は、ついていく人の減少のために、しだいに小さくなっていると報告されている。

（中略）

一三時三五分：ルイーズ女王橋で警察にブロックされた人々は解放され、立ち去ることを許されたが、橋の両岸は警察によって取り囲まれている。また警察は警察犬を準備しているが、抗議者に対して用いられるよりも、挑発や抑止力としてのようである。抗議者は分散し、切り上げて情報拠点に向かっている。

一四時一五分：「嘘を買ってはいけない——われわれの気候、あなたのビジネスではない」デモ行進は、人々がさまざまな場所に分散したことで、終了した。

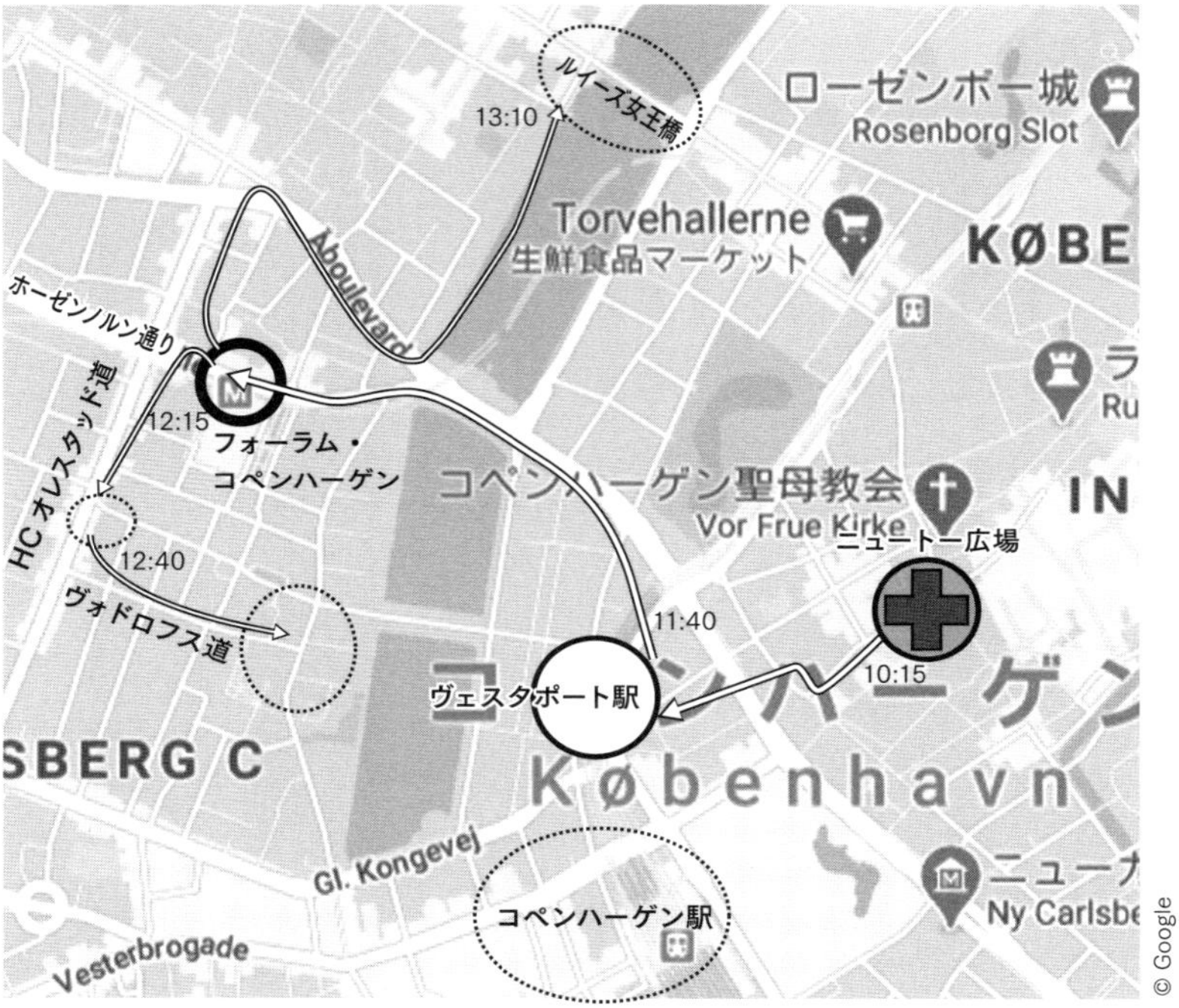

図8　12月11日（金）のデモ行進

（線の太さはおおよその参加者数の違いを、時刻は開始時間を表す。図中の「＋」マークはデモ行進の合流点を示す）

この一一日のデモ行進は無許可のものであったが、上述のように開始点のニュートー広場で気候変動関連の展示イベントが開催されていたため、人々が集まってもあやしまれる様子はなかった。人々が集まりだすと一一時から警察との交渉が始まり、リーダーが誰であるかということを警察は再三尋ねていた（筆者のフィールドノートより）。やがて一一時一〇分に解散通告がなされ、またデモ行進の進行がストップさせられた（タイムラインより）。そこから運動行為者は個々人でばらばらに動くようになる。車道と歩道を行き来しながら移動するようになるが（フィールドノートより）、それが「解散」である可能性もあるので警察は止めることができない。そこで警察も一一時四〇分より、個人のチェックに移行する（タイムラインより）。

多くの観衆が集まったヴェスタポート駅前において、警察はデモ隊を制止しようとする。それに対して運動行為者たちは異なる方向へジョギングしながら逃げ出したので、警察は止めることができなくなる。そこで警察は服装等から個別に抗議者を判断し持ち物検査を行い、スプレー缶などを所有していれば一時的に拘禁するようになる。それでも拘禁されたのは数名であり、運動行為者はほぼみな抗議目標であるフォーラム・コペンハーゲン前の路上に集合し、一部は会場内へ入り込んだ。その後は、橋へ、街道へと拡散していき、地下鉄等を利用して最後は気候フォーラムの会場であるコペンハーゲン駅近くのスポーツ施設（DGI-byen）の大ホールへと移動し、そこで参加者たちから大きな拍手で迎えられていた（フィールドノートより）。

一二月一二日（土）の合同デモ行進

つぎに、より大規模なデモ行進に対して警察のチャージがなされた事例について検討してみたい。一二月一二日には、ＣＯＰ15期間で最大の数十万人規模のデモ行進がなされた。ここでもタイムラインを引用してデモ行進の展開を記述してみよう。同じく傍線部は、集団が個人に拡散するタイミングとプロセスに関連すると思われる出来事である。図９は、以下のタイムラインにもとづいて、デモ行進の動きを示したものである。

一〇時一〇分：気候フォーラムが開催されているDGI-byen の外の「クライメイト・フラッド」デモ行進のスタート地点に数千人が集まった。

一〇時四五分：数千人が現在、フラッド・デモの開始点に集まった。多くの「地球の友」の横断幕が見える。舞台では音楽が演奏されている。祝祭的な雰囲気。デモ行進は、たった今、中心駅に向けてヘルムトルヴェット広場沿いをゆっくりと動きはじめた。

一二時四〇分：メインのＣＯＰ15デモの、何万もの人々が議会広場の集合場所に。初見では三〜五万人。

一三時半：デモ行進は今や巨大に。無数の人々。周囲のエリアではいたるところで道路が人で埋めつくされている。

一三時三五分：群衆はストーム通りの端からボース通りの端まで伸びている。一〇万人ほどの抗議者。

一四時四三分：「気候を変えるな、システムを変えろ」ブロック（隊列）がメインのデモ行進に参加している。

一五時二五分：警察がアマーブロ通りで群衆を包囲し、デモ行進はマークマンス通りと南門の間で二つに分かれた。機動隊は数千人を囲い込んでいる。

一五時三三分：警察はデモ行進を分断し、アマーブロ通りの入り口で「気候を変えるな、システムを変えろ」ブロックそばの数百人を取り囲んでいる。

一五時三五分：アマーブロ通りで警察に囲い込まれている。警察は人々に座るように伝え、「このデモ行進は許可を得ているぞ」と述べる人々に応答していない。

一五時四五分：デモ行進は、警察により囲い込まれたグループの周囲で、ルートを変えて再開されている。警察は人々に手枷をしているという。

一六時〇〇分：警察は少なくとも八〇人をケーブルでつなぎ、警察車両は道路両側を封鎖している。囲い込まれた人々は三〇〇人にのぼるとみられている。警察の外側にいる群衆は「解放しろ！」と訴えている。

一六時三五分：大規模なデモ行進がベラセンターに向かって流れている。

一六時四〇分：警察はアマーブロ通りで二～三〇〇人を逮捕している。警察はバスを二台用意し、逮捕者をバスに乗せている。警察は報道陣を遠ざけている。人々はまだ「解放しろ」と訴えている！

一七時二五分：デモ行進に参加した人々の多くは、解散し、家路に向かっている。デモ隊に連帯を示すために戻るよう呼びかけがあった。

一八時一五分：ベラセンターへのデモ行進の最後の演説が終わり、多くのデモ参加者が帰路についた。しかしまだデモ行進をしている人は数千人いる。

一二月一二日午後の合同デモは、COP15期間中最大のデモ行進であり、数十万人規模となっている。午前中にはコペンハーゲン駅近くの広場から議会広場までフィーダー・デモ（クライメイト・フラッド）が道いっぱいに広がりながらなされた。フィーダー・デモは気候変動のテーマに限定されていてわかりやすく、またさまざまな扮装をした人々がコペンハーゲン駅やチボリ公園の前を通過していくことで、多くの人々を巻き込んでいく役割を果たしていた（フィールドノートより）。警察官も基本的に遠巻きに見ているだけであり、一部の行為者が巨大なバルーンを空中に打ち上げて運びながらルートを外れていった際も、「あの人たちは拘禁されるのですか」という筆者の質問に対して、警察は驚いた様子で「そんなことはぜったいにない」と断言していた。

フィーダー・デモの終着点である議会広場（合同デモの開始点）にはすでに大きな舞台が設置され、DJが音楽を流し、さまざまなグループが登壇して主張を述べていた。広場には数万人が多様なプラカードを

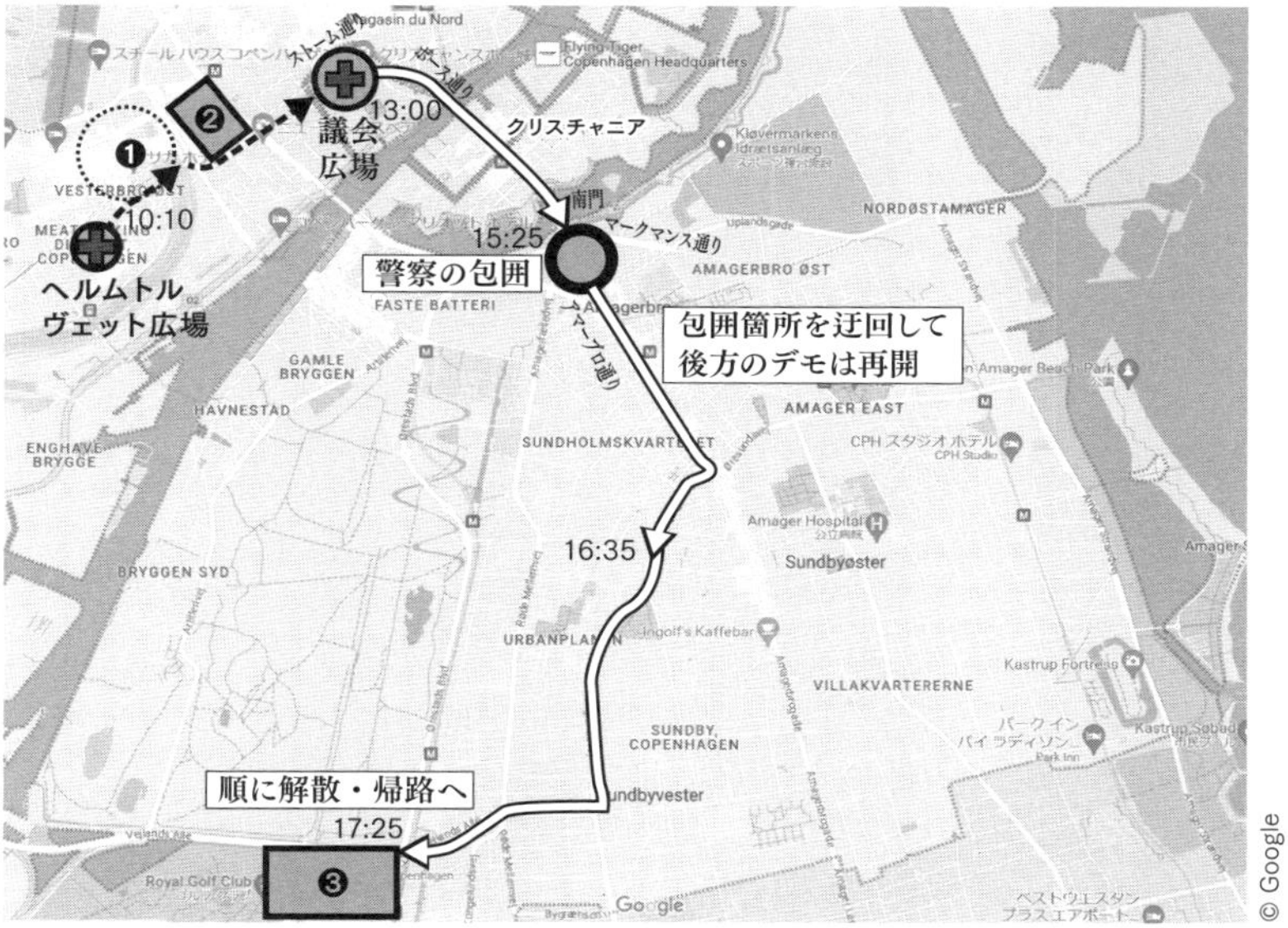

❶ コペンハーゲン駅

❷ チボリ公園

❸ ベラセンター

図9　12月12日（土）の合同デモ行進

（線の太さはおおよその参加者数の違いを、時刻は開始時間を表す。図中の「＋」マークはデモ行進の合流点を、太線の丸は警察によるチャージ地点を示す）

もって集まっていた。デモ行進は許可を得ているため、広場は和やかなムードで、仮装した抗議者と一緒に写真を撮る警察官もいた（フィールドノートより）。

一三時からいよいよ合同デモが始まる。大勢の人々が順に移動していくため、デモ行進は巨大な道路の全車線を埋めつつ、数キロメートル続いていくことになる。デモ行進は、自治区「クリスチャニア」と隣接するエリアを通過していき、そこで多くの抗議者がさらに合流していった。そのままデモ行進は南下し、長い南門橋を渡ってアマー島へ移動していく。橋を渡り終える段階で、「気候を変えるな、システムを変えろ」ブロック付近の抗議者が道路の石を引きはがして投石したり、発煙筒に火をつけたりしていた。他の抗議者から投石などをしないようにと注意もなされていた。私服警察が投石者二名を追いかけ、拘禁していく（フィールドノートより）。

徐々に緊張感が高まるなかで、デモ行進が橋を渡り終えしばらくしたところで、「気候を変えるな、システムを変えろ」ブロックの一部の参加者とその周囲にいた人々（見物人や野次馬をふくめ）が、急に警察・機動隊に完全に包囲され、つぎつぎに拘禁されていった（フィールドノートより）。警察の車両・バスに乗せられて一時拘留施設へ強制的に移動させられた人の数は「九五〇人」とされる。*32

包囲地点より前を進んでいたデモ隊に対して「包囲されているので止まって」と呼びかける抗議者もいたが、デモ行進自体はすでに数キロにわたっており、立ち止まる抗議者も一部いたが、ほとんどはそのまま進んでいった（フィールドノートより）。包囲地点より後のデモ隊も、迂回して再び予定ルートに戻り、そのままデモ行進を進めていったのである（タイムラインより）。

ベラセンター近くのデモ行進終着点では、道路上に巨大なスクリーンが置かれ、政治家や活動家がマイクで主張を述べ、パネルディスカッションも行われていた。一二月であり、すでに一五時頃に日が沈み、気温は〇度近い。終着点まで行きついたデモ行進は順次解散し、ほとんどの人々は近隣駅から地下鉄に乗ってコペンハーゲン駅等へ移動し、一部は一一日と同じく気候フォーラムの会場に移動していった(フィールドノートより)。その後、夜にかけて逮捕への抗議デモもなされた(タイムラインより)。その日の夜中にはほとんどの拘禁者は解放されている。

一一日と一二日のデモ行進は、規模はまったく異なるが、いずれも警察がチャージを行い、運動行為の展開が大きく変化(拡散・解散)した点で共通している。次節では、デモ行進の合流・方向について確認した上で、デモ行進の拡散(再集結)という特徴について考察していくことにしたい。

―4― デモ行進の拡散と要因

まず、第3章と同じくデモ行進の合流と方向について検討してみたい。

デモ行進の「合流」についていえば、一一日の事例では開始点のニュートー広場がさまざまな個人の運動行為者や野次馬、組織的運動行為者の集結点になってはいたが、デモ行進同士の合流は起こっていない。なお、COP15期間中のデモ行進は、一二日の合同デモを除いて基本的にシングルイシューであり、一一日のデモ行進だけでなく、一三日の対グローバル取引デモや一四日の金融・債務・移民デモ、一五日の農業・環境デモにおいても合流は起こっていない（図5およびフィールドノートより）。シアトルＷＴＯ抗議（第1章参照）の際とちがって、これらのデモ行進は混乱を巻き起こすためのものではなく、コペンハーゲン中心部全域を練り歩き、広く人々に呼びかけることを目指していて、それゆえ合流よりもすみわけがなされているようにもみえる。

一二日の事例では、午前のフィーダー・デモ（クライメイト・フラッド）開始点でまず気候変動に関心のある多様な人々が集結し、その後、議会広場（合同デモの開始点）へ移動して、さまざまテーマを掲げる人々と合流している。そこには世界中から何万人もの人々が集まっていた。議会広場はコペンハーゲン中心部でもっとも大きな広場ではあるが、何万人もの人々が集まれる広さではなく、その周囲にも人があふれていた（フィールドノートより）。それでも議会の広場に集まること、そこへフィーダー・デモが合流することにシンボリックな意味があるのは当然である。

なお一二日のデモ行進は、アマー島に入ってすぐの警察による包囲によって、前後で二つに分離したためずらしいケースである。後方のデモ行進は包囲点を迂回して、前方のデモ行進に合流しており、その意味で、想定外の合流点が新たに発生したといえる。それは戦略的なことではなく、警察のチャージによって発生した運動行為の新たな展開である。一一日の事例ではチャージの段階でデモ行進は拡散しており、気候フォーラムに再び集まったからといって、合流してデモ行進を再開したというわけではない。

つぎにデモ行進の「方向」についてみていこう。一一日の事例では、標的となる敵手は、グローバル企業家のシンポジウムが開かれていた「フォーラム・コペンハーゲン」（以下「フォーラム」と略記）であり、運河の外側に位置する。それに対して開始点のニュートー広場は都市中心部にある。方向的には都市の真ん中から開始し、ヴェスタポート駅まで中心部を横断し、運河外に出ていくという流れ（ほかの日の多くのデモ行進は都市の周辺部から開始され、周辺部を歩いて、標的にたどり着いている）、つまり内側から運河の外へ出ていくかたちになっており、コペンハーゲン駅に対しては離れていく方向で、もちろんベラセンターからも離れていく方向へデモ行進がなされている。中心街や駅では人の目が非常に多く、観衆や住民は歓迎ムードであったが、運河橋を渡るとそういった雰囲気はなくなっていった（フィールドノートより）。このルートをとったのは、もちろん敵手たる「フォーラム」が運河外にあったからだが、開始点やルートの細かい設定は、前後のデモ行進とのすみわけの観点からなされたのかもしれない。

つぎに一二日の事例では、まずフィーダー・デモは議会広場を目指すため北東に向かっている。駅前を通過するために開始点の場所がおそらく定まったのだろう。合同デモは、議会広場から郊外へ南下していくルートをとっている。ベラセンターはコペンハーゲン駅とコペンハーゲン空港の間に位置しており、閣僚等は空港から直接ベラセンターに移動することも多かっただろう。ただ、ほとんどのNGOはコペンハーゲン中心部に滞在しつつ活動しており、コペンハーゲン駅から議会広場へ移動し、ベラセンターへ南下していくルートは必然的なものである。一番大きな道を利用しており、道なりにやや南東方向への移動しつつ、途中で西に折れていく。より直行するルートもとれないわけではないが、おそらくできるだけ大きな道を選んでいるためやや東に迂回したルートになっている。

その際、クリスチャニアの近隣を道なりに通過するのはその位置関係から不可避なことであるが、クリスチャニアからの参加を意図的に招くルートにもなったといえる。当時クリスチャニアには世界中から活動家が集まっており、そこで宿泊滞在することもWi-Fi等を無料で利用することも可能となっていた（フィールドノートより）。滞在者のなかには合同デモで包囲されて拘禁の対象となった者もおり、その後、クリスチャニアには警察によるチャージが繰り返しなされ、抵抗する活動家との間で衝突が起こっていた。クリスチャニアの近隣を通ることは、そうでない場合にくらべて、通過時に初めて合流してくる行為者の数を多くはするだろう。議会広場での平和で祝祭的な雰囲気を経験せずに、直接、デモ行進に参加してくる者を許容し、その数を増やすことになるはずである。そのことも組織的な戦略として事前に予想されていたのか、それともまったく予想外のことだったのかは不明である。

つぎに、デモ行進の拡散（解散）と再集結という特徴に注目したい。一一日のデモは無許可であり、デモ全体が警察のチャージを受けて拡散したケースであり、一時的に人ごみに紛れ、再びデモ行進に参加していく。反対に一二日のデモは許可を得ており、一部のブロックが狙われて包囲され拘禁される一方で、デモ行進は継続していった。

まず一一日の無許可デモ行進は開始前から警察とのやりとりがあり、途中、解散通告もなされ、一部で拘禁も実施されている。行為者は拡散し、歩道と車道を行き来し街中にまぎれこみながら、敵手までたどり着く。その後は拡散し、気候フォーラム会場へ向かうことになる。ここからみえてくるのは、シンプルではあるが、集団が個人に拡散するタイミング（警察の阻止）と、敵手だけを共通の標的として拡散し、歩道の一般の人々にまぎれることでリスクを避けるプロセスである。より組織だったデモ行進では、警察が阻止した時点で解散するか、そのまま集団でまとまりつづけるかという戦略がとられることが多いので、あまりこうしたことにはならない。危機的な状況にあればあるほど、組織的行動はそのまま維持されるし、一度拡散した個人が再集結することも（集結地点で警察に一網打尽にされる可能性があるので）うまくはいかない。気候フォーラムに再集結しても大丈夫だという安心感があるからこそ、拡散と再集結が可能だったのである。

それに対して一二日の合同デモ行進は許可を得たものであり、警察は基本的に遠巻きで静観をしていた。一部に対してチャージがなされ、完全に包囲され、さらに拘禁もなされたが、そのままデモ行進が進んでいったことは印象的である。この合同デモ行進は全体として許可は得ており、投石者への批判が運動内部から出ていたように、拘禁者への共感がそれほど広がらなかったのかもしれない。世界中から集まった何百もの環境グループ、人権キャンペーングループ、気候変動活動家、反資本主義者、その他、さまざまな抗議者による幅広い連携にもとづくデモ行進であり、最後まで実施することが重視されたという面もあるだろう。

重要な点は、チャージがなされたときに、その場その場での個人の判断によって運動行為が展開されていくということである。拡散したり再集結したり、迂回したり救援したり、その場その場で個人によって異なる選択がなされていく。その個人の行動選択は非常に多様な論理でなされている。合理的な選択、戦略的な選択である場合もあれば、たんなる模倣や感覚・感情にもとづくもの、慣習的なものもあるだろう。個人は、自由に拡散し、再集結し、街に溶け込んだり、休憩をしたり、新たな装いに変化したり、警察の裏をかくようなさまざまな戦略を、ほかの抗議者に制約されることもなく、自由に展開している。拘禁がなされても救援行動という新たな運動行為が生み出される。抗議行動が日常化されているコペンハーゲンが、個人の新しい試みを生み出す空間となって、組織化された抗議行動を乗り越えるようなダイナミズムも生み出していくのである。

以上のデモ行進の合流・方向・拡散の状況を整理し、作用しうる物理的・社会的な環境を整理したのが**表2**である。

最後に、デモ行進の合流と拡散の関係について考えてみたい。合流は運動行為者がまとまり、あたかも一つのような集合体をつくり出し、聴衆に向けて、またメディア、警察等に向けてその存在を誇示する。同時に匿名性が増し、勢いや集合的な高揚感も発生していく。デモ途中で合流したり、敵手の前で合流したりすることで、プレッシャーと混乱を生み出していく。

反対に、拡散は運動行為の終了にともなう場合がほとんどだが、警察のチャージによる場合もある。警察は、「違法だから解散せよ」と大きな拡声器（特殊車両に搭載されている場合が多い）で呼びかけたり、催涙弾を打ち込んだり、拘禁したりして、散り散りに追い払うことを試みる。一一日は警察が無許可デモ行進全体に解散を呼びかけたのち、チャージすることで（一部拘禁）、拡散させた。一二日は許可された合同デモであるから、警察は投石等に関わったとみなされたグループとその周囲にいた人たちだけを拘禁し、解散させたということである。拘禁された運動行為者は、強制的に退去させられるだけではなく、パスポートや身分証から個人情報を集められて、匿名化も解かれることになる。

表2　デモ行進の合流・方向・拡散とその物理的・社会的環境

	デモ行進の合流・方向・拡散	物理的環境	社会的環境
12月11日（金）	【合流】なし	集結可能な広場：ニュートー広場	気候変動展示イベント
	【方向】中心地のニュートー広場から駅前を通過して運河外のフォーラムへ向けて、橋にそって、警察の動きを避けながらデモ行進が実施	運河外・西方向に抗議目標。ヴェスタポート駅、運河にかかる橋	歓迎する小学生、デモ行進を日常に感じる住民。無許可デモを警戒・拘禁する警察。他のデモ行進とのすみわけ
	【拡散】途中で拡散・移動しつつ、多くが敵手まで到達。チャージ・拘禁で拡散。気候フォーラム会場へ	駅前の繁華街。河川・橋	警察による要請、チャージ、拘禁
12月12日（土）	【合流】コペンハーゲン駅近くの広場からのフィーダー・デモが議会広場で合同デモへ合流 クリスチャニア近隣において一部行為者が合同デモに合流（デモ行進の合流ではない） 包囲点を迂回したデモ行進が前方のデモ行進へ合流	合流（集結）可能な広場：議会広場。 クリスチャニアの存在	前日にデモルートを紹介するTV。許可済デモに対して基本的に平和的に対応し遠巻きにするだけの警察。警察のチャージと一部の完全包囲
	【方向】フィーダー・デモは駅近くを通って議会広場へ東進 合同デモは議会広場から道なりに南下し、さらに橋を渡って大きな道にそって南下。途中で西南に向かい、ベラセンターへ。後方のデモ行進は包囲点を迂回	駅・広場の存在。 南郊外に抗議目標。アマー島にかかる橋、大通りの方向 クリスチャニアの存在	フィーダー・デモを遠巻きにする警察。合同デモが橋を渡ったところでの警察による包囲・拘禁
	【拡散】包囲された行為者は拘禁・移動させられ解散。そのほかのデモ行進はベラセンター近くのゴールに達した後、順次解散	ゴール地点 天候・気温 近隣地下鉄駅	警察による包囲・拘禁 強制的

このようにみると、「合流」と「拡散」は運動行為の形態上、真逆の動きであることがわかる。個人が集合化し、匿名化し、群衆化していく「合流」を運動行為者は行い、集団・群衆を再び個人化していく「拡散」を警察が行う。合流地点や終着点の選択は、組織的な運動行為者の戦略としてなされるかもしれないが、終着点以外での拡散は警察側の戦略的なチャージによるものであり、組織的運動行為者の意図・戦略の裏をかいて行われる。さらにチャージへの対応は個人個人でまったく異なるので、組織戦略ではほとんど説明できないのである。

—5— 運動行為の特徴（拡散）と社会的環境

以上、第2章では、第1章に続いてデモ行進の展開とその環境を描く作業を重ねてきた。その際、物理的な環境に加えて、社会的環境（警察・機動隊のチャージ、社会センターや自律的スペースの協力、地域住民の反応など）についても記述してきた。また、デモ行進の合流・方向だけでなく、個人に拡散するプロセスをとらえるために、無許可で全体にチャージがかけられたデモ行進と、許可ずみだが一部にチャージがかけられたデモ行進をそれぞれ詳細に記述した。その上で、二つのデモ行進の比較分析から、合流・方向、拡散という特徴について、物理的・社会的環境と結びつけて考察した。

第1章でみたようにジャオ（Zhao 2001）は、天安門事件において警察によってデモルートが変更された点に注目していたが、コペンハーゲンではもとより中心市街を練り歩くような複数のデモルートが設定されていた。また一一日の無許可デモは、チャージによってデモルートが変更することはなく拡散に至った点が異なる。ただ一二日は警察の包囲網によって後方のデモ行進は迂回するデモルートに変更されていて、その点は天安門事件の例と共通するといってよいだろう。また濱西（2016）はコペンハーゲンと札幌でのアクションの密集と時間・空間的な制約について語ったが、本章ではコペンハーゲンでの合同デモを新たに描き、二つのデモ行進を比較することで、拡散の過程についても考察したことになる。コペンハーゲンCOP15での複数のデモ行進の記述、合流と拡散の関係性、社会的環境の作用について考察できたことは成果だといえる。

以上、第1・2章ではデモ行進に焦点を当ててきたが、続く第3・4章ではより包括的に運動行為の記述を行うことにしたい。

第３章

運動行為の配置

2000／2008年Ｇ８サミット

1　運動行為の密集をとらえる

本書第1・2章ではデモ行進に焦点を当ててきたが、本章及び次章では、より幅広い運動行為を記述していく。具体的には、首脳会議等の開催期間・地域（敵手の時空間）において、敵手に言及しつつ実施されるさまざまな運動行為、たとえばさまざまな屋内外の集会（フォーラムやシンポジウム、勉強会、ワークショップ）やキャンペーンなども視野に入れていくことにする。その上で、運動行為者が活用可能な常設・臨時のスペース（コンベンションセンターや公園、各種センター、活動家用の情報拠点および滞在・宿泊・作業・交流スペース、メディア拠点など）の配置と運動行為の展開を関連づけて考察することにしたい。

事例として取り上げるのは、おもに二〇〇八年北海道洞爺湖G8サミット時の札幌での運動行為である。*33 北海道洞爺湖G8サミットをめぐる運動に関する先行研究としては、野宮・西城戸編（2016）や富永（2016）などがあるが、基本的に組織連関や参加者の経験をとらえようとするものであり、運動行為やスペースを詳細に描いているわけではない。また筆者も前著（濱西 2016）で運動行為とスペースの概要を描いたが、記述も、環境の作用に関する考察も、一部に限定されている。

本章では、運動行為の展開とそのスペースについてより包括的に記述し、運動行為の密集／分散という特徴を描き出し、その背景について考察することにしたい。

以下、まず第2節では常設的なスペースで行われた運動行為を描き、第3節では臨時的なスペースで実施された運動行為を記述する。そして第4節で運動行為の密集／分散について、二〇〇〇年九州・沖縄G8サミット時の那覇・名護の事例と比較しつつ検討する。

2 運動行為の配置・展開と常設スペース

二〇〇八年北海道洞爺湖G8サミット（七月七日～九日）は、洞爺湖近くのポロモイ山の山頂にある「ザ・ウィンザーホテル洞爺リゾート＆スパ」で開催された。大規模な抗議行動が発生した二〇〇一年ジェノヴァG8サミット以後、サミットは大都市ではなく隔離された場所で開催されることが常となっていた。そのため二〇〇八年G8サミットをめぐる運動行為の多くは最寄りの大都市である札幌で展開されることになった。その中心は大規模な合同デモである「チャレンジ・ザ・G8サミット 1万人のピースウォーク」（ピースウォーク）と、市民主催のオルタナティヴなサミット「市民サミット2008」である。

まず「ピースウォーク」は、「平和や貧困解消を訴える目的」で二〇〇八年七月五日（土）に実施された。主催は、ほっかいどうピースネット、北海道平和運動フォーラム、平和サミット北海道連絡会であり、G8サミット市民フォーラム北海道、G8サミットを問う連絡会、二〇〇八年G8サミットNGOフォーラムが賛同している。

大通西八丁目広場での大規模な集会後に開始されたデモ行進は、大通公園から東へ札幌中心街を進み、南北大通の交差点を右折して南下し、そのまま中島公園まで至っている。「札幌市で開かれるデモ行進としては最大規模で、約3千人が参加した」という（二〇〇八年七月六日朝日新聞朝刊）。図10はデモの様子である。

大通公園の付近では、ほかの運動行為も実施された。七月四日（金）にはG8サミットを問う連絡会が約二〇〇人で札幌市中心部をデモ行進し、「G8サミット反対」「格差拡大を許さないぞ」などと訴えた（二〇〇八年七月五日朝日新聞朝刊）。また七月七日（月）には大通公園においてNGOフォーラム・キャンペーンチームによる企画「七夕の電子短冊」が実施されている（二〇〇八年七月八日朝日新聞朝刊）。

つぎに「市民サミット2008」は、G8サミット市民フォーラム北海道とG8サミットNGOフォーラムが共催（札幌市が後援）したオルタナティヴなサミットである。七月六日（日）～八日（火）に「世界は、きっと、変えられる」をメインテーマとして、札幌駅から南東へ電車で三〇分ほどの位置にある札幌コンベンションセンターを主会場に、北海道大学学術交流会館、札幌エルプラザ、北海道クリスチャンセンターをサブ会場にして開催された［図11］。

NGOフォーラム報告書作成委員会編（2008）によれば、参加団体は約一〇〇団体、サポートや運営NGO含めると一五〇団体を超え、環境、貧困、平和人権問題など四〇を超える分科会やワークショップが実施されたという。開会シンポジウム「人々の声を世界に響かせる」は「貧困を過去のものに」と「持続可能なグローバル社会へ」の二つのセッションからなり、七日には多くのワークショップとセミナーが開催された。最終日の閉会シンポジウムには「世界は、きっと、変えられる」をテーマに「各国市民運動家ら約二〇〇人が参加した」とされる（二〇〇八年七月九日朝日新聞朝刊）。

図10　ピースウォークの様子（筆者撮影）

図11　市民サミット2008の様子（筆者撮影）

各ワークショップ・セッションのタイトルおよび会場は表3のとおりである。

そのほかにもさまざまな屋内集会が実施された。札幌市男女共同参画センター、札幌市消費者センター、札幌市市民活動サポートセンター、札幌市環境プラザが同居する「札幌エルプラザ」（札幌駅北側）と、生涯活動推進センター、北海道立アイヌ総合センター、女性プラザ、社会福祉総合センターなどが同居する「北海道立道民活動センターかでる」（大通公園の北側）では、G8サミットを問う連絡会・国際民衆連帯ワーキンググループ主催の「国際民衆連帯DAYS」（七月四日～九日）が並行して開催された［表4］。

エルプラザではほかに「G8女性の人権フォーラム：女が安心して生きられる日本を！世界を！」（七月三日～九日）も開催された。

また北海道大学学術交流会館では、ジェンダー、保健・医療をテーマとしたフォーラムが開催された。「FTAとアジアの女性労働者」、「インフォーマル・セクターの女性労働者」などのワークショップ、また「女性とHIV／エイズに正面から向き合う」、「北海道洞爺湖サミットへの提言：基層的な医療の無料診療を！」、「国内から世界は変えられる：グローバル・イシューとNGOの取り組み」などのフォーラムが実施された。また、札幌駅から南西へ電車で一時間ほどの位置にあるアイヌ文化交流センター（札幌ピリカコタン）では「アイヌ民族サミット」などが開催された。

これらは常設的なスペースを活用した運動行為だといえる。それとは別に、サミットに合わせて臨時に設けられたり、大きく活動を変えたりしたスペースを活用した運動行為も多い。次節ではそのような例をみていこう。

表3　「市民サミット2008」ワークショップ・セッション一覧*[34]

（「　」はセッション名、（　）はセッション主催団体を示す）

<table>
<tr><th>7月
6日</th><th>7月7日</th><th>7月8日</th></tr>
<tr>
<td rowspan="2">（コンベンションセンター）オープニング・シンポジウム「人々の声を世界に響かせる」&「歓迎レセプション：アフリカ音楽とともに」</td>
<td>（コンベンションセンター）
・「NGOの政策提言：市民の声をG8サミットに」（G8サミットNGOプラットフォーム）
・「途上国の貧困と責務：不正な責務、環境責務とは？」（ジュビリーサウス他）
・「イラクの現状とG8諸国の責任と役割を問う」（日本国際ボランティアセンター）
・「グローバルな気候キャンペーンの構築」（グローバル・クライメイト・キャンペーン）
・「世界市民の声～貧困をなくすために」（G8サミットNGOフォーラム貧困開発ユニット）
・「勝ち組でも負け組でもない、もう一つの方向とは？: 格差を日本と世界から考える」（日生協連医療部会）
・「世界の食糧危機：対応と解決」（食料主権に関するアジア太平洋ネットワーク）
・「グローバルガヴァナンス再考 :G8サミットのアカウンタビリティを問う」（日本国際ボランティアセンター他）
・「世界と日本で動き出す国際連帯税」（オルタモンド他）
・「G8と国連先住民族権利宣言」（市民外交センター）
・「オンダンカクサ（温暖化＋格差）とG8の責任」（地球の友Japan）
・「洞爺湖サミットは気候変動問題にいかに立ち向かえるか」（G8サミットNGOフォーラム　環境ユニット他）
・「Action Now: 今すぐ世界の貧困を終わらせよう」（オックスファム）
・「日イ友好50周年：いま日本の援助を問い直す」（INFID）
・「ミレニアム開発目標とODA」（ODAアジアフォーラム他）
・「生物多様性 :2010年に向けたロードマップワークショップ」（G8サミットNGOフォーラム　環境ユニット・生物多様性グループ）
・「若者が変える、ケニアの未来」（日本フォスター・プラン協会）
・「北海道発、世界の未来：環境・農業・地域自立」（G8サミット市民フォーラム北海道）
・「債務と開発」（ジュビリーサウス）
・「大きな地図の上で世界の現状を体感しよう」（ハンガーフリーワールド）
・「世界から貧困をなくそう！：ミレニアム開発目標達成のために」（ほっとけない世界のまずしさ）
・「パレスチナの声を北海道に！」（パレスチナ子どものキャンペーン）
・「G8サミットに向けたユースワークショップ：温暖化防止・生物多様性の保全にむけて」（A SEED JAPAM 他）
・「七夕アクション＆国際ボランティア・フェスタ」（日本国際ワークキャンプセンター、北海道国際交流センター他）</td>
<td rowspan="2">（コンベンションセンター）
・「夕張から考える—債務と貸し手の責任」（さっぽろ自由学校「遊」）
・「先進国・途上国のFTA（自由貿易協定）を考察する：アセアンと日本」（食糧主権に関するアジア太平洋ネットワーク）
・GCAPセッション「2008: a chance for action against global poverty」（グローバルな貧困根絶キャンペーン :GCAP）
・「みんなで作ろう手作りキルト！: 妊娠・出産で亡くなるお母さんを減らすため、今、ひとりひとりができること」（ジョイセフ）
・「世界を変えるキャンペーンワークショップ：日本からイタリアへ」（国際協力NGOセンター）
・「誰だって平和に生きたい」（2008年G8サミットNGOフォーラム人権・平和ユニット）
・クロージング・シンポジウム「世界は、きっと、変えられる」（2008年G8サミットNGOフォーラム、G8サミット市民フォーラム北海道）</td>
</tr>
<tr>
<td>（北海道大学学術交流会館）
・「FTAとアジアの女性労働者」（アジア女性労働者委員会（CAW））
・「インフォーマル・セクターの女性労働者」（アジア女性労働者委員会（CAW））
・「日本の大学生の声を届けるために」（WAVOC）
・「北海道洞爺湖サミットへの提言：基層的な医療の無料診療を！」（世界の医療団）
・「HIV/エイズに正面から向き合う：アフリカの現場からG8へ」（アフリカ日本協議会他）
・「国内から世界は変えられる：グローバル・イシューとNGOの取り組み」（日本リザルツ）
・「地球のステージ　ありがとうの物語」上映会（上映実行委員会）（札幌エル・プラザ）・「神戸で開催した市民環境サミット報告」（みどり関西）
・「G8に9条を！」（グローバル9条キャンペーン / ピースボート）
・「表現アートによる環境・人権ワークショップ　2050年からのメッセージ」（人身売買禁止ネットワーク、北海道クリスチャンセンター）
・「庄野真代＆鈴木一平によるオルタナティブ・コンサート」（国境なき楽団）</td>
</tr>
</table>

表4　国際民衆連帯DAYS・連帯フォーラム：2008年7月4～9日

（「　」内はセッション名、（　）内はセッション主催団体、［　］内は場所）

7月4日	5日	6日	7～9日
・「貧困・判定雇用・社会的排除はもうたくさんだ！反G8札幌行動集会」（G8サミットを問う連絡会：貧困・労働ワーキンググループ）［かでる］ ・「国際民衆連帯フォーラム：オープニングセレモニー」（同連絡会：国際民衆連帯ワーキンググループ）［大通公園西8丁目］ ・「交流会」（同連絡会：国際民衆連帯ワーキンググループ）［サッポロてれび塔2F］	・「台頭する中国：誰の犠牲で？」（グローバリゼーション・モニター）［かでる］ ・「“援助”のおカネはどこいった？途上国の債務とG8」（ジュビリーサウス他）［かでる］ ・「韓国民主労総イベント」（韓国民主労総）［札幌市教育文化会館］ ・「グローバル・クライメイト・キャンペーン」（グローバル・クライメイト・キャンペーン）［かでる］ ・「チャレンジ・ザG8・市民ピースウォーク7・5」（同実行委員会）［大通公園西8丁目］ ・「G8サミットを問う集会」（国際民衆連帯ワーキンググループ）［エル・プラザ］	・「国際民衆連帯イベント」（国際民衆連帯ワーキンググループ）［大通公園西6丁目］ ・「国際シンポ：自由貿易が食料・環境危機を招く！」（脱WTO・FTA草の根キャンペーン実行委）［エル・プラザ］ ・「日本とのEPAはアジア諸国に何をもたらすか」（IDEALS他）［かでる］ ・「反サミット・反植民地主義フォーラム：世界の民衆がともになるために：ユーラシアの東端アイヌモシリから考える」（パレスチナ連帯・札幌）［札幌市教育文化会館］ ・「国際金融システムを変えよう、通貨取引税がめざすもの」（ATTACJapan）［かでる］ ・「公共サービスをとり戻そう：地域と職場から」（ATTACJapan）［かでる］	7日：「神戸で開催した市民環境サミット報告会」（みどり関西）［かでる］ ・「飢餓・食糧危機セミナー」（農民連）［かでる］ ・アジアの社会運動による「反G8デモ」（国際民衆連帯ワーキンググループ）［大通公園西6丁目］ 8日：「クロージングセレモニー」（国際民衆連帯ワーキンググループ）［東区民センター］ 9日：「記者会見」（国際民衆連帯ワーキンググループ）［市民メディアセンター］

―3― 運動行為の配置・展開と臨時スペース

世界中から集まってくる活動家が情報を収集したり作業したりできるスペース、一定期間滞在（飲食・宿泊）できるスペース、インターネットに接続したり動画等の編集をしたりできるスペースを、開催地・国の運動側が用意することは、二〇〇一年のジェノヴァG8サミット（第4章参照）以後、当たり前のようになっていた。二〇〇九年のピッツバーグG20やコペンハーゲンCOP15などでもさまざまなスペースが用意されており、事前にその情報も海外に発信された。

二〇〇八年洞爺湖G8サミットにおいても、北海道の市民団体・NPO・NGO・活動家を中心に、東京および全国の活動家が連携して、札幌および洞爺湖近辺に、全国と海外から集まる人々向けの情報・交流拠点、滞在拠点を設ける努力がなされた。

札幌駅から南に歩いて二〇分ほどの位置にある市民活動スペース「アウ・クル」には、「国際交流インフォ・センター」（七月一日〜一〇日）が開設された［図12］。このスペースは廃校になっていた小学校校舎に二〇〇六年から複数のNPOの事務所が入り管理が始まった施設で、アウ・クルは三階と体育館の管理を行っていた。一階には「豊水まちづくりセンター」、二階には「札幌市文化資料室」が入る。

国際交流インフォ・センター設置活動の代表的人物に対する筆者のインタビューと資料によれば、アウ・クルでは約一〇〇種類のチラシを置き、二四時間スタッフが常駐し、訪問者や取材、電話に対応したという。またインターネットに接続するパソコンを二台配置して、特に海外からの来訪者に備え、またワークショップ会場やミーティングルームを無料で提供し、施設の管理運営や炊事を共に担えるようにした。アウ・クルで開催されたおもなワークショップは、社会運動映像の上映やG8対抗フォーラム札幌と札幌キャンプの合同オープニング・パーティー（札幌近郊で行われるイベントのアピールや札幌にやってきた活動家の紹介、ヴィーガン料理の提供などがあった）、韓国風刺漫画展、ピースウォーク用バナー制作パフォーマンス、バルーンペイントワークショップ、着物ブロックワークショップ（ピースウォークに着物で参加しようというグループによるワークショップ）などである。

図12　オープニング・パーティーの看板、準備状況（筆者撮影）

インフォ・センターの延べ訪問者数は約三〇〇人、延べスタッフ数は四〇人であったという。責任者は六月二八日から七月一四日まで泊まり込みでほぼ常駐し、アウ・クル事務局や後述の「国際交流キャンプ」やG8サミットを問う連絡会のキャンプワーキンググループ、市民メディアセンター等との連絡調整、スタッフや来訪者への利用ルールの周知、施設内外の見回り・定期点検なども行ったという。

また札幌入りした国内外の活動家・運動参加者たちの宿泊施設として札幌市から北東に位置する当別町の災害防災備蓄センターに「国際交流キャンプ」(正式名称は「札幌・オルタナティブ・ヴィレッジ・サッポロ＝トウベツ」)(七月三日〜六日)が開設された[図13]。この備蓄センターはもともと当別町字中小屋にある旧当別町立中小屋中学校校舎を活用した施設であり、札幌駅から電車と徒歩で二時間ほどの位置にある。もともと札幌市内に同キャンプを準備しようとして札幌市と交渉がなされたが[*35]、実現しなかったため、あらためて場所を探し、協力の得られた当別町で実施されたという。国際交流キャンプ内では、共同炊事や音楽祭、映画祭、パペット作りワークショップなどが実施された。延べ訪問者数は約四〇〇人、延べスタッフ数は約五〇人であったという(スタッフは七月一日〜九日に滞在)。

ほかに臨時スペースとして、札幌に市民メディアやオルタメディアのためのメディアセンターが三か所設けられた。一つは「市民メディアセンター北海道大学」であり、北海道大学クラーク会館内に設けられた[図14]。また札幌から南へ電車で三〇分ほどの位置にある旧天神山国際ハウスにも「市民メディアセンター天神山」が置かれた。もう一か所については場所が伏せられている。なお市民メディアセンター天神山では、プレカリアート映画祭、「災害とコミュニティラジオ」、「きもの・ゆかたブロック着付け」などのセッション・ワークショップも開催された。

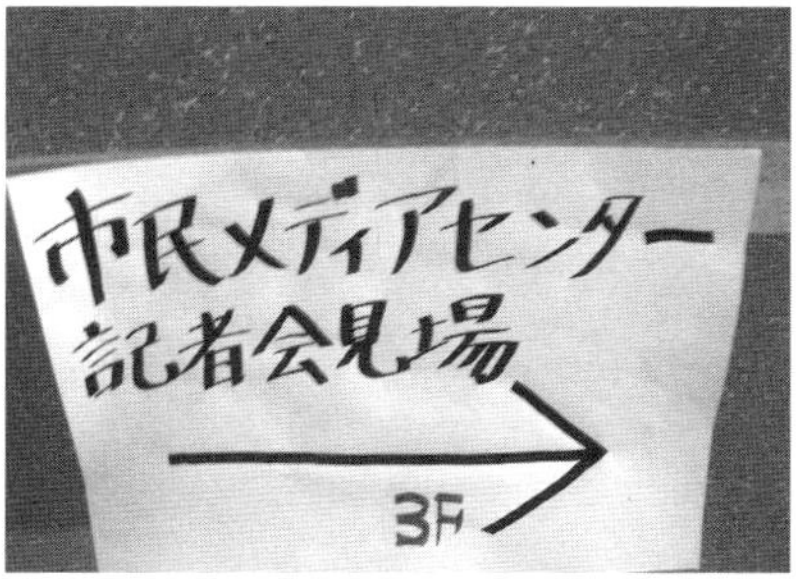

図14　入口ビラ、会見スケジュール、クラーク会館外観（筆者撮影）

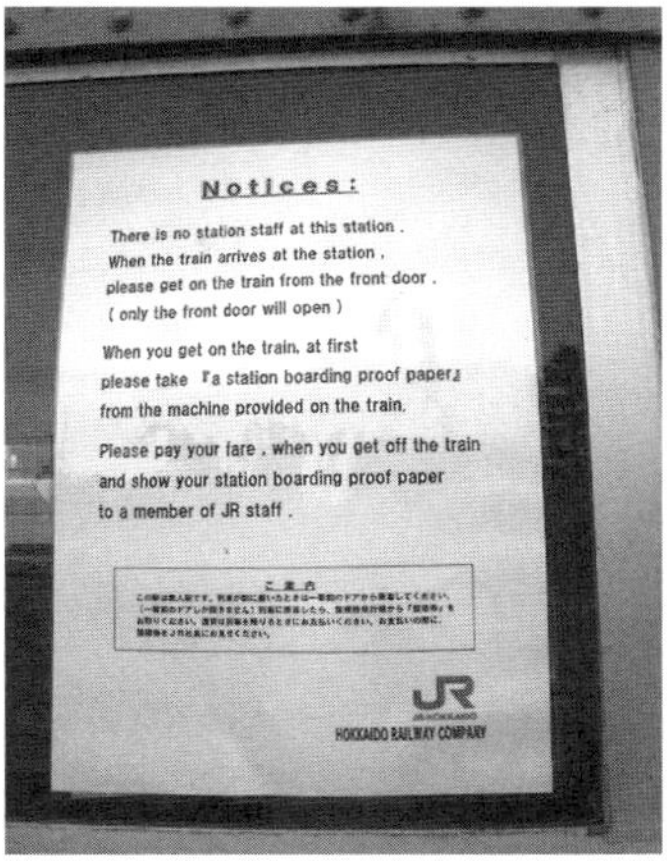

図13　災害防災備蓄センターの外観、駅内に掲示された支払いの英語説明（筆者撮影）

札幌ではないが、洞爺湖近辺の三つの地域（豊浦、壮瞥、伊達）には、諸団体によって活動家用キャンプが設営された。豊浦森林公園の「豊浦キャンプ」、壮瞥町オロフレほっとピアザのキャンプ・スキー場の「国際交流キャンプ」、伊達市の温泉施設隣牧草地（私有地）の「伊達キャンプ」である。キャンプではさまざまなイベントやデモ行進が実施された。豊浦キャンプでは協力して炊事活動がなされ、さまざまなテーマでのディスカッションもなされた（フィールドノートより）。七月七日には豊浦キャンプと壮瞥キャンプから合同で洞爺湖畔を目指してデモ行進がなされ（二〇〇八年七月七日朝日新聞夕刊）、七月九日にも壮瞥と豊浦からデモ行進が実施された（二〇〇八年七月一〇日朝日新聞朝刊）。

なお三キャンプ利用者総数は三六〇〇人（最大規模の豊浦キャンプが一五〇〇人）で、その半数が外国人であったという（二〇〇八年九月一二日・一三日の京都メディフェスでの報告より）。

―4― 運動行為の密集／分散――九州・沖縄G8との比較

札幌と那覇・名護

ここまで紹介してきた運動行為と常設・臨時スペースの配置を、札幌を中心にマッピング化したのが**図15**である（各閣僚会合開催地や東京での運動行為は省いている）。図中の「○」は集会の場所を指しているが、大学（北海道大学や北海学園大学）や、公共的施設（東区民センター、北農健保会館、道民活動センター、教育文化会館、市民活動スペース、コンベンションセンター、札幌エルプラザ、自治労会館、共済ビル）、宗教関係施設（クリスチャンセンター）などが会場になっていることがわかる。また大通公園から中島公園につながる実線の矢印はピースウォークを指しているが、デモ行進以外にも、非常に多くの勉強会やセミナー、シンポジウム、フォーラム、上映会、ワークショップなどの運動行為が札幌で密集して実施されていたことがわかるだろう。

このような「密集」についてより深く考えるために、ここで二〇〇〇年九州・沖縄G8サミットへの運動行為の配置・展開と比較検討してみたい。

九州・沖縄G8サミットは、二〇〇〇年七月二一日～二三日に名護市の万国津梁館で開催された。濱西(2016: 163-166)を参照しつつ那覇～名護エリアでの運動行為をあげると、まず五月一五日に「沖縄サミット反対！5・15デモ」が那覇市の牧志公園で開催されている。そして六月二二日～二五日には那覇市の沖縄女性総合センターで「国際女性サミット：安全保障の再定義」が、六月三〇日・七月二日には浦添市の沖縄船員会館等で「民衆の安全保障：沖縄国際フォーラム」がそれぞれ開催された。また七月一三日～一七日には沖縄大学等で「国際環境NGOフォーラム」が実施されている（一二か国・四〇〇人参加。主催は沖縄環境ネットワーク）。七月一九日には、集まったハンカチ五〇〇〇枚で作った「平和の樹」を名護西海岸と辺野古を結ぶ道路上に設置され、七月一九日～二一日には那覇市パレット劇場でジュビリー2000の沖縄国際会議が行われた。七月二〇日には嘉手納飛行場を取りかこむ基地包囲行動が実施され（二万人ほど参加）、七月二一日には名護市街地からサミット会場へ向けて「ファミリー・ピースウォーク」（一二キロ、約二〇〇人参加）が行われている。同日、名護市海上では国際環境保護団体グリーンピースがG8反対の横

※

❾北海道大学学術交流会館
7/7：市民サミット2008（詳細は表3参照）

※

❿札幌エルプラザ
7/3〜9：G8女性の人権フォーラム「立ち寄りおしゃべりどころ「安全」」
7/4〜9 国際民衆連帯DAYS（一部）
7/4：「ゆらぐ新自由主義・IMF体制〜自由・平等・互恵の経済秩序をめざす世界の動き」
◦「G8女性の人権フォーラム〜女が安心して生きられる日本を！世界を！」
7/5：G8サミットを問う集会（ジュビリーサウス、民主労総、No-vox、ビア・カンペシーナ、香港グローバリセーションモニター、日本の様々な団体）
7/6：「国際シンポ〜自由貿易が食料・環境危機を招く」脱WTO/FTA草の根キャンペーン
7/7：表現アートによる環境・人権ワークショップ「2050年からのメッセージ」（人身売買禁止ネットワーク、ユニセフ）
◦神戸市民環境サミット報告（みどり関西）
◦「世界は9条を選び始めた」（ピースボートグローバル9条キャンペーン）
7/9：国際シンポジウム「市民がつくる和解と平和」〜東アジアとヨーロッパにおける持続可能な平和と市民社会の役割（韓国NGO「希望製作所」、ドイツ和解NGO「行動・償いの印・平和奉仕」など）

※

⓭道立道民活動センターかでる
7/4〜9 国際民衆連帯DAYS（詳細は表4参照）
7/4：「貧困・不安定雇用・社会的排除はもうたくさんだ！反G8札幌行動」集会（貧困・労働WG）
7/5：フォーラム「"援助"のおカネはどこいった？途上国の債務とG8」（グローバリゼーション・モニター（香港））
◦「中国の勃興〜しかし誰がその代価を支払うのか」
◦「気候に関する緊急行動のためのグローバル・キャンペーンの結成に向けて」
7/6：「公共サービスを取り戻そう〜地域と職場から」「国際金融システムを変えよう、通貨取引税がめざすもの」（ATTACジャパン）
◦「債務、国際金融機関、気候変動に関する戦略会議」（ジュビリーサウス）
◦フォーラム「日本とのEPA（経済連携協定）はアジア諸国に何をもたらすか」
7/7：神戸市民環境サミット報告会
◦「飢餓・食糧危機セミナー」（農民連）

※

㉖札幌コンベンションセンター
7/4：「先住民族サミット」アイヌモシリ2008
7/5：自然エネルギー都市サミット（知事、市長他）
7/6〜8：市民サミット2008（詳細は表3参照）

図15　2008年洞爺湖G8サミット時の札幌における運動行為の配置

❷ 当別町災害防災備蓄センター（旧当別町立中小屋中学校）
7/3～6：国際交流キャンプ
札幌・オルタナティブ・ヴィレッジ・サッポロ ＝トウベツ

❸ 北海道大学遠友学舎、人文・社会科学総合教育研究棟
7/3：G8 対抗国際フォーラム北海道

❹ 生活支援型文化施設コンカリーニョ（西区八軒１条西１丁目ザ・タワープレイス）
7/4～5：劇団モムコル（from ソウル）「リアカーがひっくり返る」

❺ 札幌市生涯学習センターちえりあ
7/5: ミュージカル地球環境－未来へのメッセージ「地球は何処へ」（NPO 法人国際クラッシックライブ協会）

❶ 岩見沢市北村自然体験宿泊学習館ぱる
7/4：国際交流のつどい
7/8：農民連　閉会セレモニー

❻ 東区民センター
7/8：クロージング・セレモニー（G8 サミットを問う連絡会・国際民衆連帯ワーキンググループ）

❼ 市民メディアセンター（北大クラーク会館 3 階）
7/2～10：記者会見

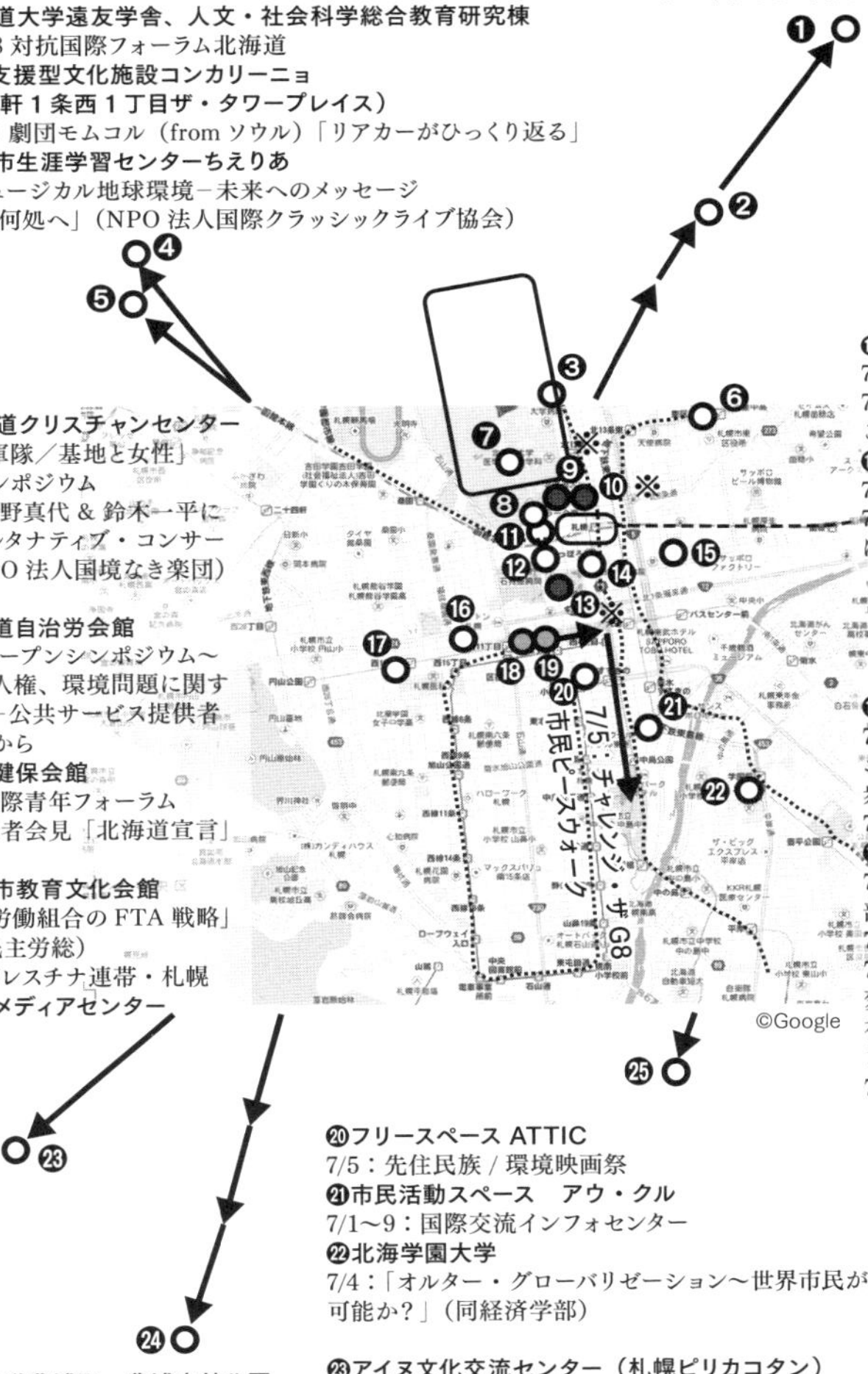

❽ 北海道クリスチャンセンター
7/3：「軍隊／基地と女性」国際シンポジウム
7/7：庄野真代 & 鈴木一平によるオルタナティブ・コンサート（NPO 法人国境なき楽団）

⓫ 北海道自治労会館
7/5：オープンシンポジウム～貧困、人権、環境問題に関する提言－公共サービス提供者の視点から

⓬ 北農健保会館
7/5：国際青年フォーラム
7/9：記者会見「北海道宣言」

⓰ 札幌市教育文化会館
7/5：「労働組合の FTA 戦略」（韓国民主労総）
7/6：パレスチナ連帯・札幌

⓱ 市民メディアセンター

⓮ 共済ビル
7/4：食糧主権国際フォーラム
7/6：「世界の女性たちと手をつなごう！」（農民連女性部）

⓯ 北２条東３丁目
7/4：食糧主権国際フォーラム
7/6: やおよろず地球まつり IN さっぽろ

⓲ 西８丁目広場
7/4：国際民衆連帯 DAYS オープニングセレモニー＋デモ（国際民衆連帯 WG）
7/5：ピースウォーク集会・デモ

⓳ 西６丁目広場
7/4～9: 国際民衆連帯 DAYS（一部）
7/5：食糧主権国際リレートーク
7/6：国際民衆連帯イベント 気候変動
社会運動団体のトーク、文化イベント
7/7：G8 対抗集会（農民連）

⓴ フリースペース ATTIC
7/5：先住民族 / 環境映画祭

㉑ 市民活動スペース　アウ・クル
7/1～9：国際交流インフォセンター

㉒ 北海学園大学
7/4：「オルター・グローバリゼーション～世界市民が主人公のグローバリゼーションは可能か？」（同経済学部）

㉔ 北海道豊浦町　豊浦森林公園
北海道壮瞥町　オロフレほっとピアザ　キャンプ / スキー場
7/6～9：国際交流キャンプ、デモ
北海道伊達市　温泉施設隣牧草地
7/6～10：キャンプ、デモ

㉓ アイヌ文化交流センター（札幌ピリカコタン）
7/1～3：「先住民サミット」アイヌモシリ 2008
7/5：アイヌ民族サミット

㉕ 市民メディアセンター天神山（国際ハウス）
7/2～4：レカリアート映画祭プログラム
7/4：AMARC JAPAN ワークショップ「災害とコミュニティラジオ」/ INTERNATIONAL MEETING FOR VIDEO ACTIVISTS / きもの・ゆかた ブロック着付けワークショップ

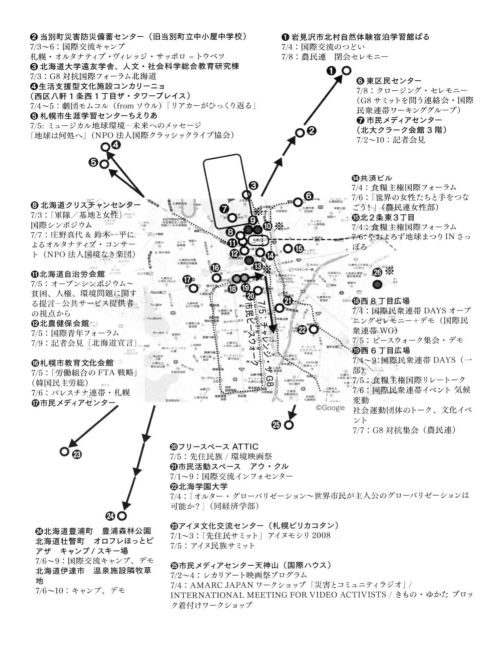

断幕を掲げながら航行した。

以上、那覇～名護エリアでの運動行為を、札幌と同じくマッピング化したのが図16である（福岡や大阪でのサミットに対する運動行為は省いている）。

「密集」化：すみわけと敵手

図15と図16を比較して運動行為の配置について考察しよう。比較からは、あらためて札幌駅周辺の運動行為の数が多く、かつ短期間に集中していることがわかるだろう。沖縄でも、那覇市に集会が多いようにみえるが、札幌とくらべればはるかに分散している。都市部でG8サミットそのものが開催されており、それゆえ運動行為がもっと密集していてもおかしくない。そのことを考慮すれば、札幌と那覇・名護の密集度は大きく異なることがわかるだろう。

運動行為同士の関係性についていえば、札幌では各集会の間で連携がなされたり、二つの施設で並行して実施されたり（国際民衆連帯DAYS）、フォーラムの共催や後援もよくなされたりしている。一方、那覇・名護では各集会の間で情報共有、分担や共催・協力がなされた形跡はほとんどなく、基地包囲行動を除いてばらばらに集会を行っている。

運動はそれぞれ明確な主張、妥協のない目的を有していることが多く、異なる運動が密集すれば、しばしば考え方の違いから対立や競争が起こりやすくなる。それゆえ運動行為間に距離があるのはむしろ自然なことである。サミットに言及しているとはいえ、テーマも団体も違うのであるから、本来、近づく必要

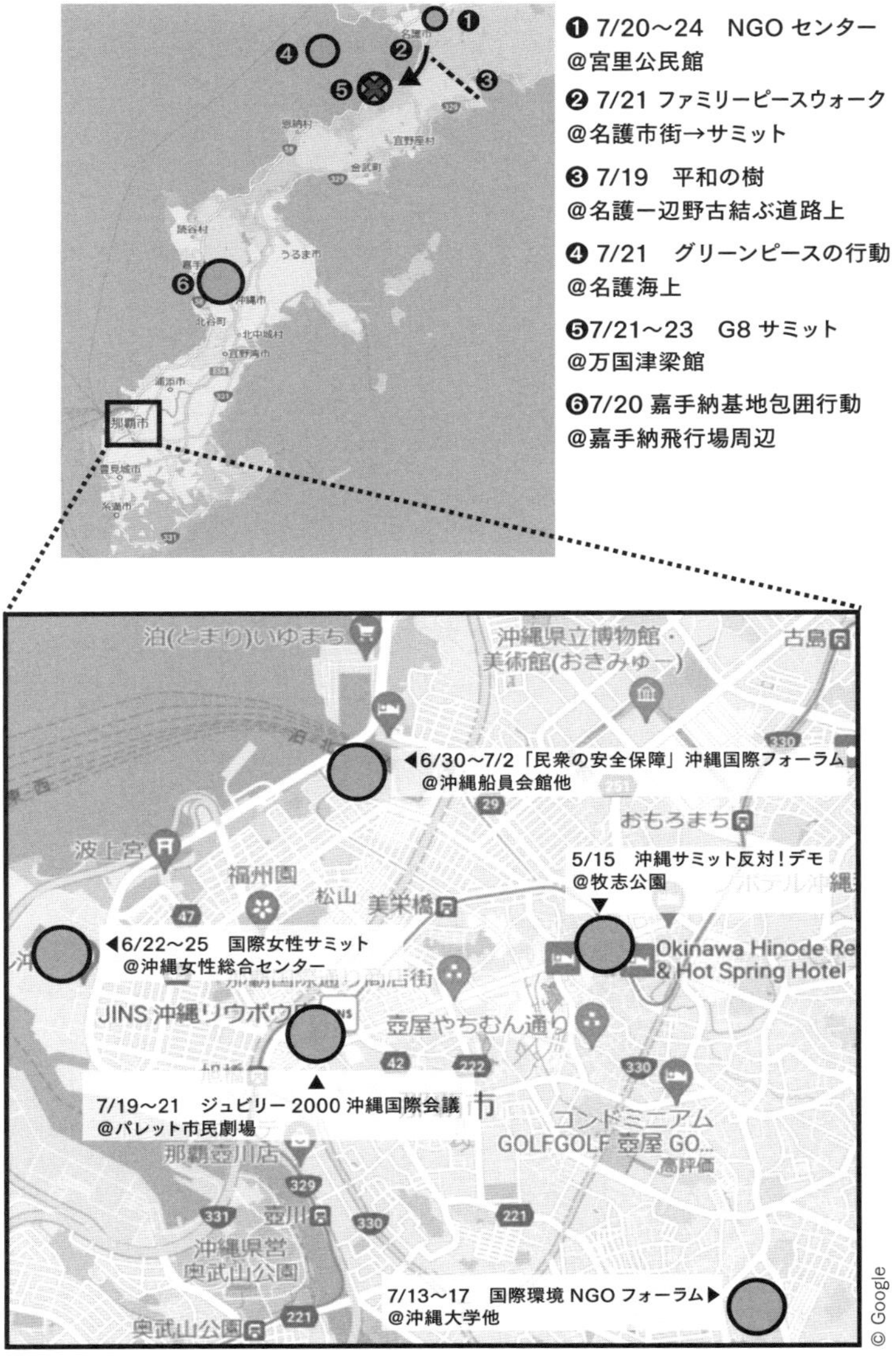

図16　2000年九州・沖縄G8サミット時の那覇・名護での運動行為の配置

性はない。実際、那覇・名護ではデモや集会は単一のテーマで実施されていることがほとんどである。むしろ多様な運動が近づき、密集している札幌の状況のほうが異質な状況といえる。

それを可能にしていたのは「すみわけ」であろう。ピースウォークでは、さまざまな運動がブロックですみわけるかたちがとられていた。また市民サミットでも、多様な運動がそれぞれの主張や議論を自由に行えるように、日時・場所でセッションがすみわけられていた。このようなスタイルは、世界社会フォーラムや欧州社会フォーラムで実践されているが、サミット関連ではジェノヴァG8以降、世界的に広がっていたものであり、それが札幌でも採用されたということである。沖縄でも多様な運動・個人が参加して基地包囲行動がなされたが、それはシングルイシューの運動に一時的に統合・包含されるかたちでなされたものであって、すみわけがなされているわけではない。

この「すみわけ」を可能にするには、それぞれの違いを超えた、明らかな、巨大な共通の「敵手」の存在であろう。新自由主義的な経済・競争中心の「グローバル化」が多様な運動にとっての争点になったのは、一九九九年のWTOへの抗議行動からといってよい。その後、グローバル化をサミットが牽引しているという認識からサミット批判が徐々に始まっていく。そして、「サミット」が多様な運動にとって明確な「敵手」だとみなされるようになったのは、二〇〇一年ジェノヴァG8サミットからだといってよい。二〇〇〇年九州・沖縄サミットは、グローバル化が争点になりはじめた段階であり、サミットはまだグローバル化を牽引する存在とはみなされていなかったのである（濱西 2016）。基地包囲という運動行為はサミットではなく、主に沖縄にやってきたアメリカと日本の首脳に向けられているといっていい。それゆえ沖縄までグローバル化に抗議するために活動家がやってくることはほぼなく、滞在用の臨時スペースを用意するという発想もなかった。日本においてサミット＝敵手となったのは、二〇〇八年G8サミットからなのである。

つぎに「密集」を可能にしたスペースの配置について考えてみたい。第2節でみたように、二〇〇八年サミット時の札幌には運動行為が活用可能な常設・臨時スペースが数多く存在し、それらを鉄道・地下鉄・バス網がつないでいた。札幌市の中心部にある大学やまちづくり拠点、男女共同参画関係の施設、労働・協同組合関係施設、宗教関係施設などは、ふだんからさまざまなNPO・NGO・市民団体が活用し、なじみのある空間でもある。アウ・クルもふだんから市民団体が自主管理的な取り組みをしているがゆえに、それを一時的に活動家の情報・交流スペースにすることができた。それらのスペースの配置と活用は運動行為の配置・展開に大きな影響を与えたといえる。大都市であればそれらのスペースを豊富に有しており、それゆえ運動行為も密集することができる。それにくらべて二〇〇〇年の那覇・名護の例では、ジュビリー2000の集まりが劇場を用いている点に象徴されるように、そのような公共的なスペースが少なくとも当時は札幌ほど豊富ではなかったのかもしれない。

最後に「密集」がもたらす効果について考えてみたい。濱西（2016）においても少し議論をしていることだが、サミットに言及する非常に多様な運動行為が、多様な主体によって展開された場合であっても、それが限定された空間と時間に密集すると、客観的には一つの集合的な現象のようにみえる。場所と日時の近さゆえに、同時並行的に起こる運動行為群を一体のものとしてとらえることができてしまうのである。

そして、一つの巨大な運動とみなされることによって、この運動行為群は実際に力をもつことになる。札幌在住の人々と日本全国・世界中から札幌に集まった人々（活動家や政府官僚、NGO、組合など）に影響を与え、さらに取材中のマス・メディア、オルタ・メディアやSNSを通じて世界中に報道・発信されていき、グローバル化のありようを問い直す大きな流れを生み出していくのである。

実際、札幌では運動側によっても全体を一つにまとめるような取り組みがなされていた。たとえばG8サミット市民フォーラム北海道は、六月一四日から七月一〇日までを「市民G8ウィークス」と呼んで、北海道で行われる非暴力で、政党主催以外のイベントで、登録希望のあったものをまとめたリーフレットを作成・配布している［図17］。

これらは主体も場所もバラバラな運動行為だが、〈G8に関わる市民活動〉〈市民G8の活動〉としてまとめられている。理屈上は、G8サミット大賛成の活動であっても、グローバル化促進を求める運動であっても、それが非暴力で、非政党活動で、北海道で実施されるものであれば、市民G8の活動として一緒にまとめられる。そしてこのような営みをへて、また実際に札幌においてサミットをめぐるさまざまなイベントや予定外の出来事を共通に見聞きし、経験する中で、運動行為者自身も、一つの大きな運動が存在するように感じ、語り、集合的な経験を作り出していくのである。そのような経験は各運動ネットワークの報告会等で実際によく語られた。このようにしてサミットをめぐる一つの運動行為が客観的にも主観的にも成立するようになっていくのである。[*37]

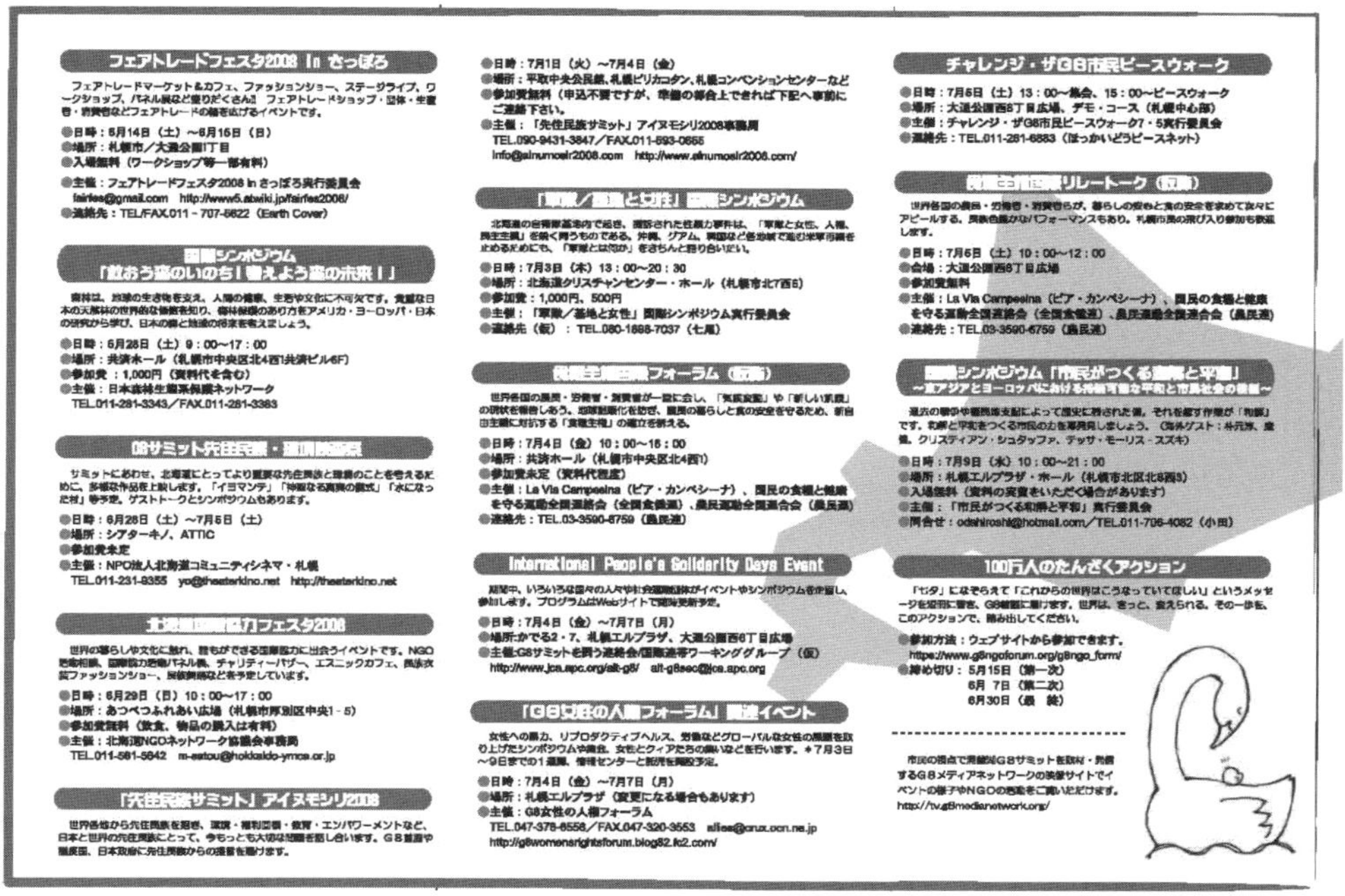

フェアトレードフェスタ2008 in さっぽろ

フェアトレードマーケット&カフェ、ファッションショー、ステージライブ、ワークショップ、パネル展など盛りだくさん!! フェアトレードショップ・団体・生産者・消費者などフェアトレードの輪を広げるイベントです。

●日時：6月14日（土）～6月15日（日）
●場所：札幌市／大通公園1丁目
●入場無料（ワークショップ等一部有料）
●主催：フェアトレードフェスタ2008 in さっぽろ実行委員会
fairfes@gmail.com　http://www5.atwiki.jp/fairfes2008/
●連絡先：TEL/FAX.011－707-5622（Earth Cover）

国際シンポジウム
「救おう森のいのち！ 考えよう森の未来！」

森林は、地球の生き物を支え、人類の健康、生活や文化に不可欠です。貴重な日本の天然林の世界的な価値を知り、森林保護のあり方をアメリカ・ヨーロッパ・日本の研究から学び、日本の森と地域の将来を考えましょう。

●日時：6月28日（土）9：00～17：00
●場所：共済ホール（札幌市中央区北4西1共済ビル6F）
●参加費：1,000円（資料代を含む）
●主催：日本森林生態系保護ネットワーク
TEL.011-281-3343／FAX.011-281-3383

G8サミット先住民族・環境映画祭

サミットにあわせ、北海道にとってより重要な先住民族と環境のことを考えるために、多様な作品を上映します。「イヨマンテ」「神聖なる両輪の儀式」「水になった村」等予定。ゲストトークとシンポジウムもあります。

●日時：6月28日（土）～7月5日（土）
●場所：シアターキノ、ATTIC
●参加費未定
●主催：NPO法人北海道コミュニティシネマ・札幌
TEL.011-231-9355　yo@theaterkino.net　http://theaterkino.net

北海道国際協力フェスタ2008

世界の暮らしや文化に触れ、誰もができる国際協力に出会うイベントです。NGO活動相談、国際協力活動パネル展、チャリティーバザー、エスニックカフェ、民族衣装ファッションショー、民俗舞踊など多予定しています。

●日時：6月29日（日）10：00～17：00
●場所：あつべつふれあい広場（札幌市厚別区中央1－5）
●参加費無料（飲食、物品の購入は有料）
●主催：北海道NGOネットワーク協議会事務局
TEL.011-561-5642　m-satou@hokkaido-ymca.or.jp

「先住民族サミット」アイヌモシリ2008

世界各地から先住民族を招き、環境・権利回復・教育・エンパワーメントなど、日本と世界の先住民族にとって、今もっとも大切な問題を話し合います。G8首脳や職員国、日本政府に先住民族からの提言を贈けます。

●日時：7月1日（火）～7月4日（金）
●場所：平取中央公民館、札幌ピリカコタン、札幌コンベンションセンターなど
●参加費無料（申込不要ですが、準備の都合上できれば下記へ事前にご連絡下さい。
●主催：「先住民族サミット」アイヌモシリ2008事務局
TEL.090-9431-3847／FAX.011-593-0655
info@ainumosir2008.com　http://www.ainumosir2008.com/

「軍隊／基地と女性」国際シンポジウム

北海道の自衛隊基地内で起き、提訴された性暴力事件は、「軍隊と女性、人権、民主主義」を鋭く問うものである。沖縄、グアム、韓国など各地域で起きる米軍犯罪を止めるためにも、「軍隊とは何か」をきちんと語り合いたい。

●日時：7月3日（木）13：00～20：30
●場所：北海道クリスチャンセンター・ホール（札幌市北7西6）
●参加費：1,000円、500円
●主催：「軍隊／基地と女性」国際シンポジウム実行委員会
●連絡先（仮）：TEL.080-1888-7037（七尾）

食糧主権国際フォーラム（仮題）

世界各国の農民・労働者・消費者が一堂に会し、「気候変動」や「新しい飢餓」の現状を報告しあう。地球温暖化を防ぎ、農民の暮らしと食の安全を守るため、新自由主義に対抗する「食糧主権」の確立を訴える。

●日時：7月4日（金）10：00～16：00
●場所：共済ホール（札幌市中央区北4西1）
●参加費未定（資料代程度）
●主催：La Via Campesina（ビア・カンペシーナ）、国民の食糧と健康を守る運動全国連絡会（全国食健連）、農民運動全国連合会（農民連）
●連絡先：TEL.03-3590-6759（農民連）

International People's Solidarity Days Event

期間中、いろいろな国々の人々や社会運動団体がイベントやシンポジウムを企画し、参加します。プログラムはWebサイトで随時更新予定。

●日時：7月4日（金）～7月7日（月）
●場所：かでる2・7、札幌エルプラザ、大通公園西6丁目広場
●主催：G8サミットを問う連絡会/国際連帯ワーキンググループ（仮）
http://www.jca.apc.org/alt-g8/　alt-g8sec@jca.apc.org

「G8女性の人権フォーラム」関連イベント

女性への暴力、リプロダクティブヘルス、労働などグローバルな女性の問題を取り上げたシンポジウムや集会、女性とクィアたちの集いなどを行います。＊7月3日～9日までの1週間、情報センターと託児を開設予定。

●日時：7月4日（金）～7月7日（月）
●場所：札幌エルプラザ（変更になる場合もあります）
●主催：G8女性の人権フォーラム
TEL.047-378-6558／FAX.047-320-3553　allies@crux.ocn.ne.jp
http://g8womensrightsforum.blog82.fc2.com/

チャレンジ・ザG8市民ピースウォーク

●日時：7月5日（土）13：00～集会、15：00～ピースウォーク
●場所：大通公園西8丁目広場、デモ・コース（札幌中心部）
●主催：チャレンジ・ザG8市民ピースウォーク7・5実行委員会
●連絡先：TEL.011-261-6883（ほっかいどうピースネット）

食糧主権国際リレートーク（仮題）

世界各国の農民・労働者・消費者らが、暮らしの安心と食の安全を求めて次々にアピールする。民族色豊かなパフォーマンスもあり。札幌市民の飛び入り参加も歓迎します。

●日時：7月6日（土）10：00～12：00
●会場：大通公園西8丁目広場
●参加費無料
●主催：La Via Campesina（ビア・カンペシーナ）、国民の食糧と健康を守る運動全国連絡会（全国食健連）、農民運動全国連合会（農民連）
●連絡先：TEL.03-3590-6759（農民連）

国際シンポジウム「市民がつくる和解と平和」
～東アジアとヨーロッパにおける持続可能な平和と市民社会の役割～

過去の戦争や植民地支配によって歴史に刻された傷。それを癒す作業が「和解」です。和解と平和をつくる市民の力を再発見しましょう。（海外ゲスト：朴元淳、金優、クリスティアン・シュタッファ、テッサ・モーリス－スズキ）

●日時：7月9日（水）10：00～21：00
●場所：札幌エルプラザ・ホール（札幌市北区北8西3）
●入場無料（資料の実費をいただく場合があります）
●主催：「市民がつくる和解と平和」実行委員会
●問合せ：odahiroshi@hotmail.com／TEL.011-706-4082（小田）

100万人のたんざくアクション

「七夕」になぞらえて「これからの世界はこうなっていてほしい」というメッセージを短冊に書き、G8首脳に届けます。世界は、きっと、変えられる。その一歩を、このアクションで、踏み出してください。

●参加方法：ウェブサイトから参加できます。
https://www.g8ngoforum.org/g8ngo_form/
●締め切り：5月15日（第一次）
6月 7日（第二次）
6月30日（最　終）

市民の視点で洞爺湖G8サミットを取材・発信するG8メディアネットワークの映像サイトでイベントの様子やNGOの活動をご覧いただけます。
http://tv.g8medianetwork.org/

図17　市民G8ウィークスのリーフレット＊36

5　運動行為の特徴（密集）とスペース・敵手

以上、本章ではおもに二〇〇八年北海道洞爺湖G8サミットを事例として、常設スペースで行われた合同デモや市民サミット、各集会と臨時的に設けられたスペースにおいて実施された運動行為を記述し、運動行為の密集／分散について、二〇〇〇年G8サミット時の那覇・名護の状況と比較して、すみわけや敵手の存在と関連づけて考察した。

多様な運動行為の配置と展開が、常設・臨時スペースによって支えられていたこと、運動行為の密集がすみわけと明確な敵手の存在によって可能になったこと、そして密集の効果について示したことは本章の成果である。

もちろん本章では、日本の二つの事例を記述しただけであり、他の事例についてもさらに記述を進める必要がある。次章ではイタリアで行われた二つのG8サミットを事例として、運動行為の密集化とは対照的な分散化の動きについて考察していく。

第４章

運動行為の配置

2001／2009年Ｇ８サミット

―1― 運動行為の分散をとらえる

本章では、第3章に引き続き、多様な運動行為の配置と展開を記述していく。前章では、運動行為の密集に向かう動き（那覇・名護から札幌へ）についてすみわけと敵手の存在と関連付けてとらえたが、当然、反対の動き（分散化）も存在するはずである。本章では、運動行為の「分散」化とその社会的環境について考えてみたい。取り上げる事例は、二〇〇九年のラクイラG８サミットとその比較対象となる二〇〇一年のジェノヴァG８サミットである。

一九九九年以降、G８やG20、COPほか主要国の首脳が集まる「サミット級」の国際会議では、開催地や近隣大都市において大規模な抗議行動がなされてきた。とりわけ二〇〇一年ジェノヴァG８サミットでは、数多くの運動行為がサミット会場近くの中心市街で展開された。だが、その八年後の二〇〇九年ラクイラG８サミットでは、運動行為はイタリア各地に分散し、ラクイラでの運動行為はごくわずかで、ラクイラに近い大都市ローマでの運動行為も少数にとどまった。

本章では、イタリアで開催された二つのG８サミットをめぐる運動行為を記述し比較することでその変化を描き出し、その背景にある物理的・社会的環境の変化について考察していくことにしたい。なおラクイラG８サミットに関しては筆者（濱西 2020b）の例を除いて研究自体がほぼなされていない。ジェノヴァG８サミットに関する研究（della Porta et al. 2006 ほか）は動員論ベースの組織研究がほとんどである。例外的にDaphi（2017）はデモ行進の展開を一部描いているが、体系的になされているわけではない。

以下、第2節において、二〇〇九年ラクイラG8サミット時のローマでの運動行為の配置・展開およびスペースを詳細に記述していく。その上で第3節において、二〇〇一年ジェノヴァG8サミットの運動行為の密集状況と比較し、運動行為の「分散」化を指摘する。第4節では、社会センターに注目し、またピッツバーグの例とも比較しつつ、その物理的・社会的環境の影響について考察する。

2 運動行為と社会センター

二〇〇九年のG8サミットは、もともとは左派連合政権時代に基地問題を抱えるマッダレーナ島で開催されることに決まっていたが、二〇〇九年四月にラクイラで巨大地震が起こったために、政権交代後の右派連合が急遽、各国から復興支援を取り付けるねらいもあって、ラクイラに開催地を変更した。

G8サミットへの抗議行動はもともとマッダレーナ島で準備が進められていたが、六月にラクイラで実施された全国レベルでの反G8会議において、地震被災地である「ラクイラ中心ではなくイタリア全土で」運動を行うことを決定する（オルタ・メディアのメーリングリストでのやりとりより）。本来は「ローマなどの地域で対抗サミットや欧州からの参加者を支援する情報・組織インフラをつくる努力をすべきだったが、いくつかの政治的理由でそれができず」、「ローマではキャンプ設置の合意ができなかった」という。メーリングリスト上では「ローマでのデモはローカルのものであって、ナショナルのものでもインターナショナルのものでもない」という発言もなされた。また「ローマは厳戒態勢。シェンゲン協定は停止され、六月五日より国境のパトロールが始まっている。「北部同盟」、「新しき力」といった右翼ファシストがローマでのデモをすべて攻撃すると宣言している。もちろん、ジェノヴァG8サミットの際にディアス校を襲った警察も、あらゆる国際的な活動家ジャーナリストを拷問し殺そうと路上で探している」という指摘もあった。*[38]

ラクイラG8サミットでは、ジェノヴァG8サミット時に存在した対抗的なサミットも、海外活動家を支援するインフラもほとんど準備されることがなかった。本来、イタリア国内に社会センターなどの自律的スペースは一〇〇か所以上存在しており、*[39]首都ローマだけでも三〇か所ほど存在しているが、*[40]今回、ローマにおいて国内外活動家を受け入れたのは、アナキズム系および反ファシズム系の社会センターである「アクロバックス」と「L38」（どちらも地下鉄A線沿線）および「フォルテ・プレネスティーノ」（トラム沿線）だけであった。アクロバックスが情報拠点の役割を果たし（後に捜索が入る）、フォルテがおもにメディア活動家に対応し（後に臨時の車両型のメディアスペースを設置）、L38が宿泊拠点（ただし非常に小規模）となった。

こういった状況のなかで、NoG8ローマ・ネットワークからメーリングリスト上で示された戦略が「危機の地図（map of the crisis）」であった。これは二〇〇九年四月に開催されたロンドンG20の際に実験された戦略と同じで、ローマ、ナポリ、ジェノヴァ、パドヴァ、ボローニャ、ミラノ、アンコナ、パレルモほかで、危機・生活・不安・失業・環境汚染・共有財商業化・軍事化に対する抗議行動を同時多発的に行うものである。ローマでは、七月七日（火）に郊外のピラミデ駅周辺でなされた無許可デモ行進と、ローマ中心部でなされた集会とデモ行進（および駅へ突入）として実施された。ピラミデ駅とローマ中心部の二つのデモ行進については次節でくわしくみていくが、多くの拘禁者が出たため、救援行動として、八日（水）にはテベレ川近くの刑務所前で、社会センター主催の抗議行動（三〇〇名ほど）がなされた（フィールドノートより）。

また、九日（木）午前にはローマ・テルミニ駅近くの自主管理劇場において警察の拘禁の不当性を訴える記者会見が行われ、午後にはローマ郊外の一時拘禁センターにおいて社会センターが組織した約一〇〇〇名の抗議行動が実施された[*41]（フィールドノートより）。

一〇日（金）には、ラクイラで全国統一行動として五千～一万人のデモ行進がなされた。事前に主催ネットワークから参加者には「レッドゾーンには入らないこと[*42]」、「ラクイラの地域と住民にはいかなる侵害もしないこと」がメーリングリスト上で周知された。一〇日夜にはローマ中心部サン・ロレンツォ地区の広場でデモ参加者をねぎらうパーティが実施された。メディア活動家によってデモ・抗議映像が上映され、また各社会センターのリーダーたちも集まっていた（フィールドノートより）。

なお七月六日～七日には、ローマの観光エリアにあるナショナルホテルで、「グローバルな貧困根絶キャンペーン」主催のアフリカ開発や貧困問題、気候変動を扱う市民フォーラムが開催されている［図18］。参加者は二〇団体・三〇名程度であった（フィールドノートより）。

―3― 運動行為の密集／分散――ジェノヴァG8との比較

ローマにおける運動行為

運動行為の分散化をとらえるために、運動行為の展開を詳細に記述した上で、ジェノヴァG8と比較してみたい。ローマにおけるデモ行進は、七月七日（火）に実施された二つのデモ行進が中心であった。

七日には、まず前日に活動家らが建築学校を占拠して確保した臨時の情報拠点（「インフォ・ポイント」）から ピラミデ駅までNoG8ネットワーク主導で無許可デモ（一〇〇名以下）がなされた［図19］。駅前のロータリーで道路を封鎖し、警察の機動隊および国家治安警察隊（カラビニエリ）と対峙した後、情報拠点近くまで退却している（フィールドノートより）。その際に三〇名ほどが拘禁され（活動家に協力した上述の三つの社会センターの一つであるフォルテ・プレネスティーノの関係者含む）、情報拠点も撤収させられた。

また七日には、並行してローマ中心部でも集会・デモ行進がなされた［図20］。まずバルベリーニ広場で少数派のラディカルな労働組合（Cobas）による占拠と抗議行動が二時間ほどなされた（一〇〇〇名程度）。ドラム隊が音楽を鳴らし、拡声器で労組が意見を主張した。同広場からG8閣僚等が滞在するとされた高級ホテル街への道は警察・機動隊・カラビニエリが封鎖した。その後、広場の群衆は、共和国広場へデモ行進をはじめ、道路全体に広がって一時間ほどのデモがなされた。警察はデモ行進の前後につくだけで、道路を埋めつくす群衆からはほとんどみえない。共和国広場では、警察との衝突を望むブラック・ブロッ

図19　建築学校とデモ行進の様子（筆者撮影）

図18　NGOフォーラムの様子（筆者撮影）

図20　バルベリーニ広場と共和国広場の様子と
駅への突入の様子（筆者撮影）

クとそれを止める人々との間で意見が衝突していた。その後、一部（二〇〇人ほど）が、そのまま中心駅テルミニ駅へなだれ込み、線路に侵入したところで、警察・機動隊・カラビニエリが駅でチャージをはじめ追い払った。その間、鉄道は全線で三〇分ほど運休した[*43]（フィールドノートより）。

活動家受け入れを表明した三つの社会センターおよび七日の二つのデモ行進などをマッピングしたのが**図21**である。

ピラミデ駅とローマ中心部での二つのデモ行進は、どちらも非常に小規模なものであり、第1章で紹介したシアトルの事例のように、ほかのデモ行進と合流することはなく、その点で二〇〇九年ピッツバーグでの事例と似ている。また警察の介入によりデモ行進の一部が拡散させられた点は、第2章でみたコペンハーゲンの例と共通している。

二つのデモ行進は、実施日は同じだがほぼ無関係で、地理的にもかなり離れて分散している。バルベリーニ広場という中心地で抗議を行い、共和国広場までデモ行進することは、多少はインパクトをもったかもしれないが、小規模であり、駅に突入したグループも早々に解散させられている。郊外のピラミデでのデモ行進は、前日に情報拠点として建築学校を占拠できたことが背景にあるが、居住者もそれほど多くないエリアでの無許可デモは瞬く間に警察によって止められ、ほとんどインパクトをもたなかった。

規模や密集度愛は、つぎにみるジェノヴァG８サミットとは対照的である。

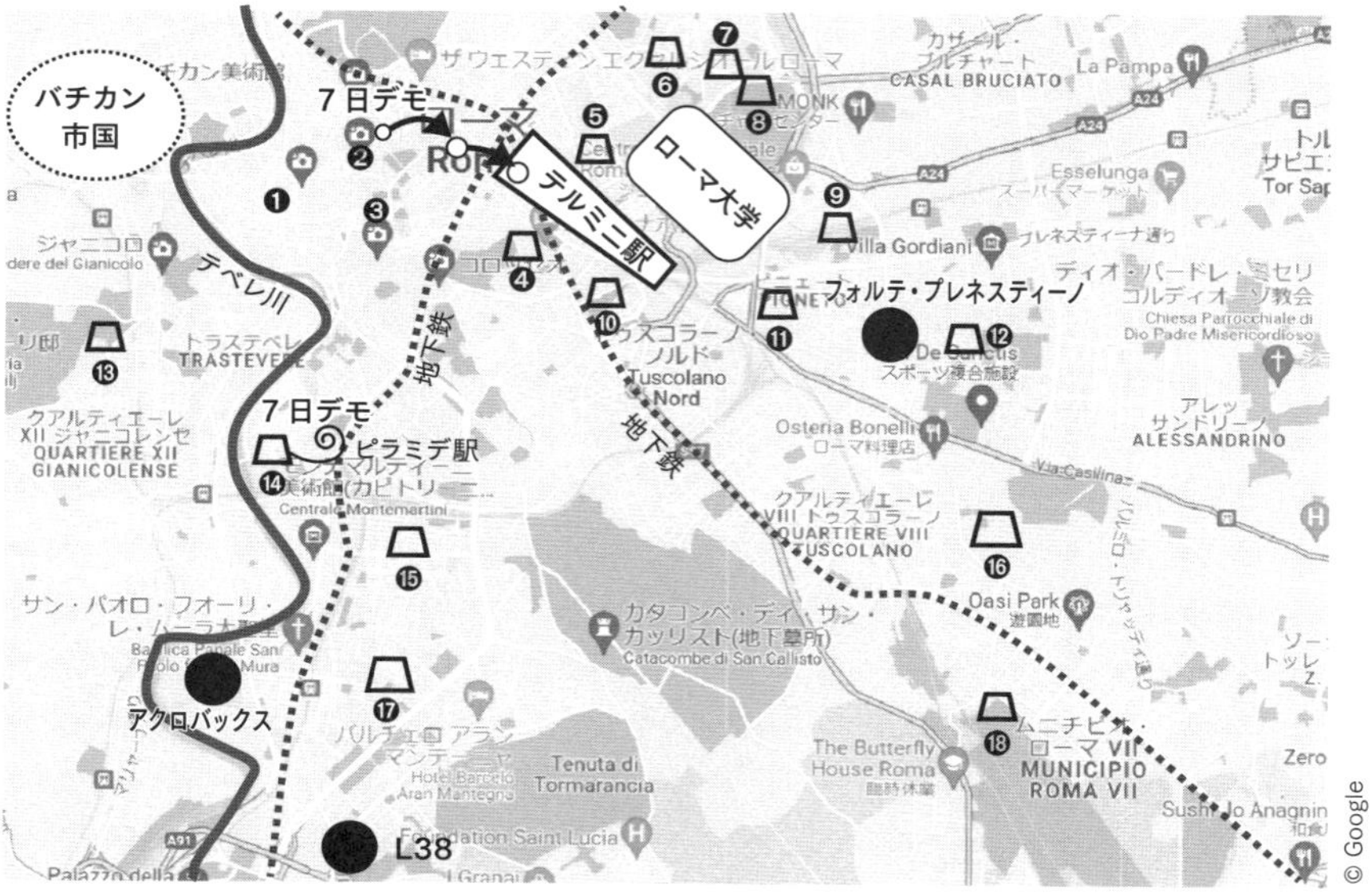

❶ ナショナルホテル
❷ 高級ホテル街
❸ 観光街（スペイン広場、トレビの泉）
❹ カサパウンド
❺ 自主管理劇場
❻ ブランカレオーネ
❼ ホルス
❽ ラ・トッレ
❾ ストライキ・スパツィオ
❿ サン・パピエ
⓫ 自主管理アトリエ
⓬ ポイント・ブレイク
⓭ ブレイクアウト
⓮ 建築大学
⓯ ピラテリア
⓰ コルト・チルクイット
⓱ ラ・ストラーダ
⓲ スパルタコ

図21　ローマの社会センターおよび7日のデモ行進
（各センターのウェブサイトおよび筆者のフィールドワークより）

ジェノヴァにおける運動行為

二〇〇一年ジェノヴァＧ８サミット（七月二〇日～二二日）時は、①ＮＧＯと宗教団体（環境・平和系）のネットワーク、②左派と政党のネットワーク、大労組（鉄鋼など）、③社会センター（若者・非暴力不服従・アート系）ネットワークなどが連携し、「ジェノヴァ社会フォーラム」が実施された。その実行委員会などの呼びかけで各地で大規模なデモ行進も行われた（della Porta et. al. 2006; Daphi 2017）。

まず七月一九日（木）には六万人規模の移民支援デモ行進「移民：国際マーチ」が行われた。混乱は絶対に起こさず、市民的不服従などの直接行動はしてはならないと合意されていた。しかし翌二〇日（金）は、サミット開催地の立入禁止区域[*44]（レッドゾーン）への突入行動「直接行動：平和・非暴力の市民不服従」が実施された。[*45]デモは許可が得られず、無許可デモとなり警察と衝突した。活動家の一人が射殺され、二三〇人が負傷し、二八〇人が逮捕された（川西 2008）。そして二一日は三〇万人規模のデモが実施されることになる。

図22は、サミット開始日でもっとも激しかった二〇日の運動行為、特にデモ行進のルートの概要を描いたものである。[*46]巨大で密集した運動行為がジェノヴァで展開されたことがわかる。

まずデモ行進の合流・方向についてみていくと、ジェノヴァでは、二〇日のすべてのデモ行進が立入禁止区域に向かっており、一部は立入禁止区域付近で合流している。立入禁止区域付近では必ず警察との衝突が起こり、拡散もしていくことになる。デモ行進の方向性は、立入禁止区域を取り囲むように放射線状になっている。ただしジェノヴァは海に面しており、またデモ行進は各道路に沿って行われるため、半円

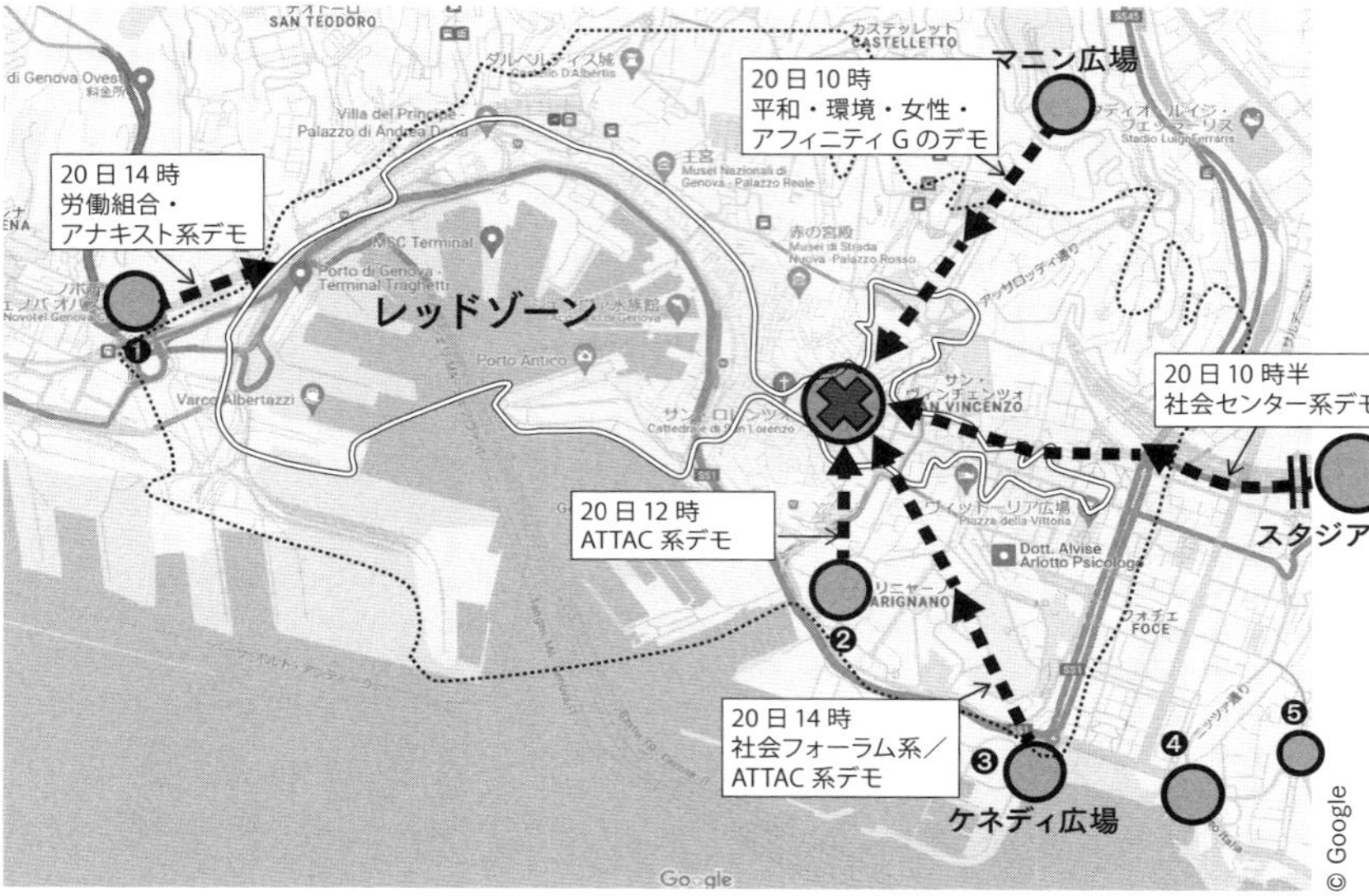

❶ モンターノ広場
❷ カリリャーノ広場
❸ GSF コンベージェンス・センター
❹ GSF パブリック・フォーラム
❺ GSF メディアセンター

図22　7月20日（金）のジェノヴァでのデモ行進のルート
（「×」はサミット会場、二重線枠は立入禁止区域、点線枠はデモ等の禁止区域を示す）

状になる。

特徴的なのはデモ行進のレッドゾーン近くでの合流であり、一九九九年シアトルＷＴＯ抗議（第１章）のときのように、大きな混乱をつくり出した。シアトルと同じく警察と正面から衝突し、暴動のようになっていく。またコペンハーゲンＣＯＰ15（第２章）のときのように、中心市街を覆いつくすほどの多方面から同じ敵手に向けてデモ行進がなされている。多数の人を巻き込み、多くの人に見られるかたちで実施された、多方面からのデモ行進のもつインパクトは大きかっただろう。

二つのサミットの比較

ラクイラＧ８サミットとジェノヴァＧ８サミットで運動行為の規模や展開が大きく異なったことの背景には何があるのだろうか。

まず大前提として、ジェノヴァの際はサミット自体が大都市の中心部で開催されていたが、ラクイラでは隔離地で開催されたという点が異なる。さらに急な開催地変更でライクラでの抗議活動の準備がほとんどできなかったこともあげられる。また変更先のラクイラには避難生活を送る数万人の被災者がおり、その反発を考えると、ラクイラで大規模な抗議行動を実施することは相当困難だっただろう。ジェノヴァの際に何十万人と組合員を動員した大規模な労働組合も、今回はサミット開催地の変更に賛同したこともあって抗議に動かなかった。*47

つぎに、行政・警察の「ジェノヴァＧ８サミットのときのようにはさせない」という意向と圧力がある。特に社会センターへの捜索やいやがらせが頻繁に実施され、サミットの一か月前には代表的な社会センターの指導者が逮捕された。また国境で止められた海外からの活動家も多くいた（フィールドノートより）。その結果、ジェノヴァG8サミットの際は、イタリア全土で国内外の活動家の受け入れ・支援、大規模な抗議活動を組織化した社会センター群は、今回、海外活動家の受け入れにほとんど協力しなかった。たとえば社会センター「フォルテ・プレネスティーノ」は、メーリングリスト上で「ローマ市長から強く圧力をかけられていて、占拠した施設の「所有権」をとりもどすべく強制退去もさせる」と脅かされていると述べて、外部活動家は受け入れられないし、「どんな抗議団体も追い返す」とした。さらに、いったんは「独立系メディアの宿泊だけは可能」としたが、六月二一日のラクイラでの第2回反G8会議において「メディア用スペースをフォルテの内部に作ることはやめ、外に作る」とし、抗議運動に直接・間接的にかかわることを避けたのである。七月五日にフォルテ・プレネスティーノにおいてメディア活動家（一九人）の会議が開催されたが、「ジェノヴァのときは二、三年準備した。今年はぜんぜん準備ができていない」という意見が国外の活動家から出た（フィールドノートより）。翌六日には、また「国際的な活動家はローマで宿なしになっている」という声がメーリングリスト上に流れていた。

だが、七月七日の無許可デモ行進のなかで、フォルテ・プレネスティーノのメンバーが逮捕されたことで、この社会センターはその後、メンバーの救援活動とメディア活動に本格的に動き出した（その夜、フォルテのウェブサイトには、「NoG8」という大きな文字が並んだ）。さっそく自主管理劇場での記者会見、拘置所などの前で抗議集会を組織し、その後はメディア・活動家用の「メディア・キャンパー」（大型のキャンピングカーで一部をメディア作業用スペースにした車両）を通して運動を支援した（フィールドノートより）。

他方、社会センター「アクロバックス」は、ロンドンG20の際の「同時多発行動」をモデルに、各地での大学占拠・道路／広場封鎖の直接行動（「危機の地図」）を計画し、各地の活動家と連携・準備していた。しかし七日のデモ行進の後で警察の捜索が入り、活動家の逮捕が相次いだ。サミット終盤になると海外活動家から「このデモはオーソライズされている（当局の許可を得ている）のか」という質問が活動家からよくなされていた。「イタリア人は組織作りができていない」と批判する海外活動家もいた（フィールドノートより）。

わずか三つの社会センターしか協力できなかったことは、ジェノヴァG8とくらべてラクイラG8の運動行為が非常に小規模なものにとどまり、かつ分散した要因として重要である。次節では運動行為を取り巻く社会状況、とくに活動家に支援的な社会センターやスペースの存在とその配置が運動行為の展開に影響を与えることをさらに確認していきたい。

—4— 運動行為の社会的環境——ピッツバーグG20を事例に

第1章で少し取り上げたピッツバーグG20においても、運動行為の密集が起こっていたが（濱西 2016）、その際も、ユースセンター、「労働者の家」「人民の家」、各大学キャンパス、教会などのスペースが運動によって活用され、活動家用に臨時で用意されたクライメイトキャンプやコードピンク・キャンプなどのテント村なども重要な役割を果たした。それらのスペースでは、一週間以上にわたって、さまざまな運動行為[*48]が実施された［図23］。

こういったスペースの存在に加えて、地域社会（地元の住民や事業者、地元メディア）の運動受容のありようは、運動行為の展開に大きな影響を与える。

たとえばピッツバーグでは、第1章で紹介したように、九月二四日に北部のアーセナル公園からサミット会場へ向けてなされた無許可デモが、道路を封鎖した警察・機動隊と衝突し、大学街を中心に夜中まで広く暴動のような状況となった。しかし、抗議行動に対して、地元住民や地元メディアは好意的で、路上封鎖や店舗破壊などの直接行動にさえ寛容であった（フィールドノートより）。警察が無許可デモを制圧しかけてきたときは、住民が、安全なルートを進んで教え、案内することもあった。大学街の学生は夜間のデモに対して声援を送っていたし、夜中の暴動時に被害を受けた店舗も抗議者たちに対して寛容であった。たとえば窓を割られた飲食店は、近隣のスターバックスコーヒーの存在にふれながら、「親愛なる抗議者たちへ。……スターバックスを忘れてるぞ!!ばかやろう」と書いた張り紙を店先に張り出していた。それに対して、翌日にはその張り紙の下に、抗議者側から「親愛なるＰＧ［ピッツバーグ］の人々へ。ご飯時に起こったことがらについて心からお詫びしたい。われわれの多くはあなたの怒りを共有しています。マム・アンド・ポップ（窓を割られた飲食店名）が冷酷な企業よりも繁盛することを望んでいます。おなかの減った抗議者より」という張り紙が貼られていた。

地元メディアの反応もまた好意的であった。たとえばＰＣＮＣ（ピッツバーグ・ケーブル・ニュース・チャ

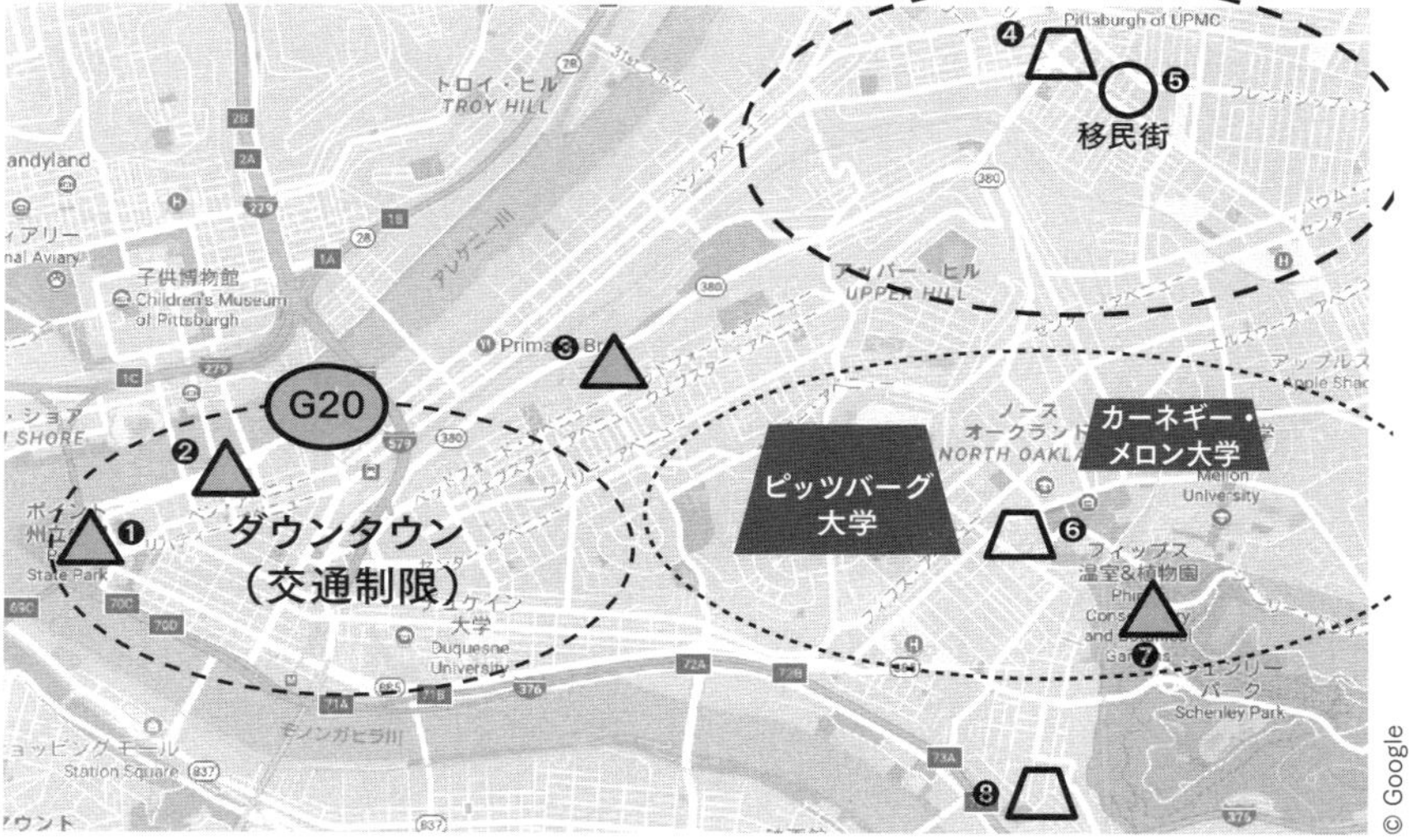

❶9月20日～：コードピンク（女性反戦）キャンプ@ポイント州立公園
❷9月20～25日：クライメイトキャンプの別キャンプ
❸9月20日～：失業者系キャンプ@教会
❹トーマス・マートン・センター
ヘルスウェルネスセンター（臨時）　・メディアコンバージェンスセンター（2F・臨時）
❺9月22日17時～：ウェルカムパーティ@フレンドシップパーク
❻ACLU（全米自由人権協会）ピッツバーグ支部
❼9月20～25日：クライメイトキャンプ（エコロジー）の主キャンプ@シェンレー・パーク
❽9月20日：コンバージェンスセンター　23日：メディックワークショップ＆スポーク会議

図23　ピッツバーグG20の運動行為をめぐる物理的・社会的環境
（各センター等のウェブサイトおよび筆者のフィールドワークより）

ンネル）は、毎日、サミット特集を報道し、多様な人々によって抗議行動がなされていることを正確に紹介していた。また、自転車に乗った女性活動家が機動隊員に背中を強引に押され転倒し、ひきずられていく映像を繰り返し流しつつ、キャスターは「こういったことはまったく必要だったのでしょうか？」と批判さえしていた。また番組内で、キャスターが抗議者に直接、電話し、デモの目的などを正確かつ好意的に紹介するシーンも放映されていた［図24］。

抗議者同士の関係性も寛容なものであった。二五日朝のＰＣＮＣのニュースで、合同デモを主催したトーマス・マートン・センターの広報係は、二四日の無許可デモと暴動を擁護しつつ、「警察も相当な暴

図24　ローカルTV「PCNC」での抗議者へのインタビュー等の放送（筆者撮影）

力をしていた。極度の緊張関係にある状況では仕方がない。二五日のデモ行進でも暴力はコントロールしないしできない……一〇〇％非暴力なものになることを保証するものは何もない。誰も、歩いていたり一歩外に出たりしたときに、何も起こらないことを保証できないのと同じだ」と述べていた。

またデモ行進や集会の場にはかならず、捜査機関が違法な活動を行わないように監視する法的観察員（legal observer：全米弁護士組合の認証を受けた弁護士、法律事務職員、法学部学生など）が蛍光色のヘルメットなどをかぶった姿で登場し、抗議行動を取り囲むかたちで陣形を組んで、警察の動きを逐一記録していた（フィールドノートより）。たとえば九月二二日にアーセナル公園で開催された国内外活動家の歓迎パーティでは、公園を囲むかたちで二〇名以上が展開していた。二三日夜、活動家が集まって会議をしていた建物に対して警察が押し寄せたときには、屋外で監視していた法的観察員十数人が、活動家の代わりに警察と交渉し、追い返した。救援だけでなく、警察による嫌がらせの防止、そして目の前のデモ行進が政治的なプロテストであることを住民にアピールする役割も担っていたといえる。そもそも二四日にG20サミット会場の近くまで合同デモを実施することが許可されたのも、法的監視員が政府と交渉した結果であった。監視活動の土台にあるのは合衆国憲法であり、「左」であれ「右」であれ、反グローバリズムであれ排外主義であれ、あらゆるデモを政治的な権利として保障し、それを抑圧するいかなる警察の行動も防止するという構えであった。

このようにNGOや活動家たちが利用可能なスペースおよび親和的な地域社会状況が存在することは、運動行為の規模や密集・展開に非常に重要である。

5　運動行為の特徴（分散）とスペース・警察・地域

以上、本章では、二〇〇九年ラクイラG8サミットをめぐる運動行為と社会センター等の活動を記述した上で、ジェノヴァG8サミットでの巨大な運動行為群とその密集状況と比較することで運動の「分散」化を指摘した。また、社会的環境の大きな変化を社会センター群の変化からとらえ、ピッツバーグG20時の社会的受容とも関連づけつつ考察した。

第3章と4章で行った、日本とイタリアで行われた四つのG8サミット（および部分的にピッツバーグG20）における運動行為の比較考察からみえてくるのは、豊富な常設スペースや有効な臨時スペースの存在と機能、そして警察の取締りや当該地域の運動受容性がそれぞれでかなり異なるということ、そしてそのことが運動行為の配置（密集／分散）や展開、規模などに影響を与えているということである。もちろんさらに運動行為とスペースを描いていく作業が欠かせない。

ここまで本書ではデモ行進の配置・方向および合流・拡散（第1・2章）や、多様な運動行為の配置（密集・分散）に、社会センター等の物理的・社会的環境が影響を与えていることを示唆した（第3・4章）。続く第5章と第6章ではビッグデータを用いて野外の大規模集会を記述し、物理的・社会的環境および時間との関係性について検討していきたい。

第5章

運動行為の変動

2015年反安保法制抗議集会

1　集会の内部構成をとらえる

本書ではこれまでデモ行進の展開の詳細および幅広い運動行為の配置と展開をグーグルマップを用いて記述してきた。ただし、集会については、その開催空間の特徴と配置、集会のテーマ等を描くことしかできていない。集会のもつダイナミズム、つまりたくさんの人々が一か所に集まり、人がどんどん入れ替わり、ときに声を上げ、拍手し、熱を高め、高揚し、落ち着き、冷静になり、やがて解散していくそのダイナミズムを描くことは困難である。

その中で筆者は濱西（2020b）において、二〇一五年八月三〇日（日）の反安保法制抗議集会の記述に、初めてビッグデータ（モバイル空間統計）を用い、国会前の五〇〇平方メートルメッシュの人口を推定し、六〇七八人（一三時台）が一〇三〇九人（一五時台）へ増加し、一一一三人（一八時台）へ減少したことを示した。集会をビッグデータでとらえようとする研究は、これまで国内外問わず存在しておらず、貴重な試みである。[*49] ただ記述対象が非常に限定されており（八月三〇日の一三・一五・一八時台の五〇〇平方メートルメッシュに限定）、性別・年代別の値もない。

そこで本章では、同じビッグデータを用いて反安保法制の抗議集会をより包括的かつ詳細に記述し、その変化や特徴を検討した上で、空間的要因・時間的要因について考察することにしたい。本章では、反安保法制抗議集会のなかでも最大とされる八月三〇日の集会およびメディアの注目を集めた七月一五日の集会を取り上げることにしたい。その際、運動行為の特徴として注目したいのは、「集会」の内部構成（性別・年代別）の変動である。それはいかなる個人的運動行為者が、どのようなかたちでその集会の場にいるのかをとらえることにもつながる。

以下、第2節でモバイル空間統計の仕様と対象エリア、「差分日」の設定および抗議集会の特徴について説明する。その上で、第3節では抗議集会の時系列変化についてビッグデータを用いて詳細に記述し、第4節では二つの抗議集会を比較し、空間的・時間的要因について考察する。

2 集会記述の方法論——ビッグデータを用いて

公共空間における抗議集会とはどのようなものか。たとえばデモ行進の開始地点では、たいていそのデモ行進の意味やテーマを説明する集会や、参加者が自分の主張をアピールするような集会が開かれる。また終着点でも同様に集会がなされるのが一般的であり、デモ行進の途中で集会をはさむ場合もある。

集会ではスピーチがなされ、聴衆は座ったり立ったりして聞く。集会中に離脱する人も、新たに参加する人もいる。開始時間に遅れてくる人は多いし、終了後も居残る人がかなりいる。集会中も人は会場をかなり移動するし、マイクを持つ人の発言で盛り上がって参加者が増えることも、一気に減ることもある。「今から外に出てデモをしましょう」という予想外の提案がなされることもある。雨が降ってきて傘をさす人、ささずに帰宅する人もいる。集会の入り口あたりで集会の趣旨とあまり関係のないイベントのチラシャビラを配る人たちもいれば、ただ署名を集めに来る人たちもいる。いったい誰が抗議者なのか、誰がたんなる通行人なのか、ふらっと寄っただけの人なのかの区別はほぼ不可能である。さらに本当に隠密に動く活動もあり、それらはまったく把握できないままに終わる。

それゆえ抗議集会を描くのは容易ではない。人数だけをとっても、団体構成員や関係者の数はある程度わかるかもしれないが、何も連絡せずに参加する人は山のようにいる。たまたま見かけて興味本位で入ってきた人や、たまたま居合わせた地域住民なども無視するわけにはいかない。それゆえ主催者・主催団体や関係者に、参加者の人数や属性について印象を聞くのでは不十分であり、また研究者が直接、観察できる範囲もごくわずかである。

その困難を打破しうるのがビッグデータである。株式会社ドコモ・インサイトマーケティング社の「モバイル空間統計®」は、NTTドコモの携帯電話・スマートフォンの契約者の利用データをベースに全人口に対して推計を行うビッグデータであり、法人数を差し引いた個人契約者数を年代・地域シェア率を考慮し、住民基本台帳に拡大することで、五〇〇平方メートル（一部二五〇平方メートル）メッシュごとに人々の数、性別・年代（一五歳以上の一〇歳刻み）、居住地などを毎時で推計可能である（二〇二一年一一月現在）。「通信の秘密」を守りつつ、最初から匿名化して統計的な推計のみを提供してくれる世界的にも貴重なサービスである[*50]（岡島ほか 2012; 寺田ほか 2012）。

本章で用いるのは、国会・官邸前をできるだけカバーしている四つの五〇〇平方メートルメッシュ、すなわち濱西（2020b）が用いた国会前エリア（メッシュコード：5339-4519-2）に、国会西エリア（5339-4519-1）、官邸エリア（5339-4509-3）、霞が関エリア（5339-4509-4）を加えた四メッシュからなる一〇〇〇〇平方メートルのエリアである[*51][図25]。

モバイル空間統計は、契約者の動きから全国民の動きを推測するものであり、エリア内のサンプル数が少ないと誤差が大きくなる。また個人情報保護の観点から、サンプル数が少ないエリアのデータはそもそも提供されない。そのため東京二三区では二五〇平方メートルエリアでみることもできるが、むしろ五〇〇平方メートル、さらには一〇〇〇平方メートルエリアでみるほうがより正確な推計ができる。

またモバイル空間統計のデータは、抗議者に限定されるデータではないため、適切に差分を取る必要がある。今回の対象エリア内には、国会議事堂と首相官邸に加えて、議員会館や文部科学省、財務省、経済産業省の一部、合同庁舎、ホテル、国立国会図書館、日比谷高校などがあり、かつ溜池山王駅や永田町駅など、日々、万単位で人が乗降する駅も含まれる。それゆえ差分を取らないと、とらえたいイベントに関係のない人々もカウントしてしまうことになる。

反対に、適切に差分を取ることができれば、施設（駅や官庁、高校など）の影響は上手く捨象できる。たとえ日比谷公園がエリアに入っていても、おなじエリアで抗議集会のない日との差分を適切に取れば、「日比谷公園が入っているので公園を普段利用している若年者が現実より増える」というようなことにはならない。

イレギュラーなイベントが発生してない日から差分を取ることが基本となる。しかし、大都市で、かつ平日の場合、報道されないだけで、さまざまなイベントが開催されている可能性がある。さらに駅や官庁、

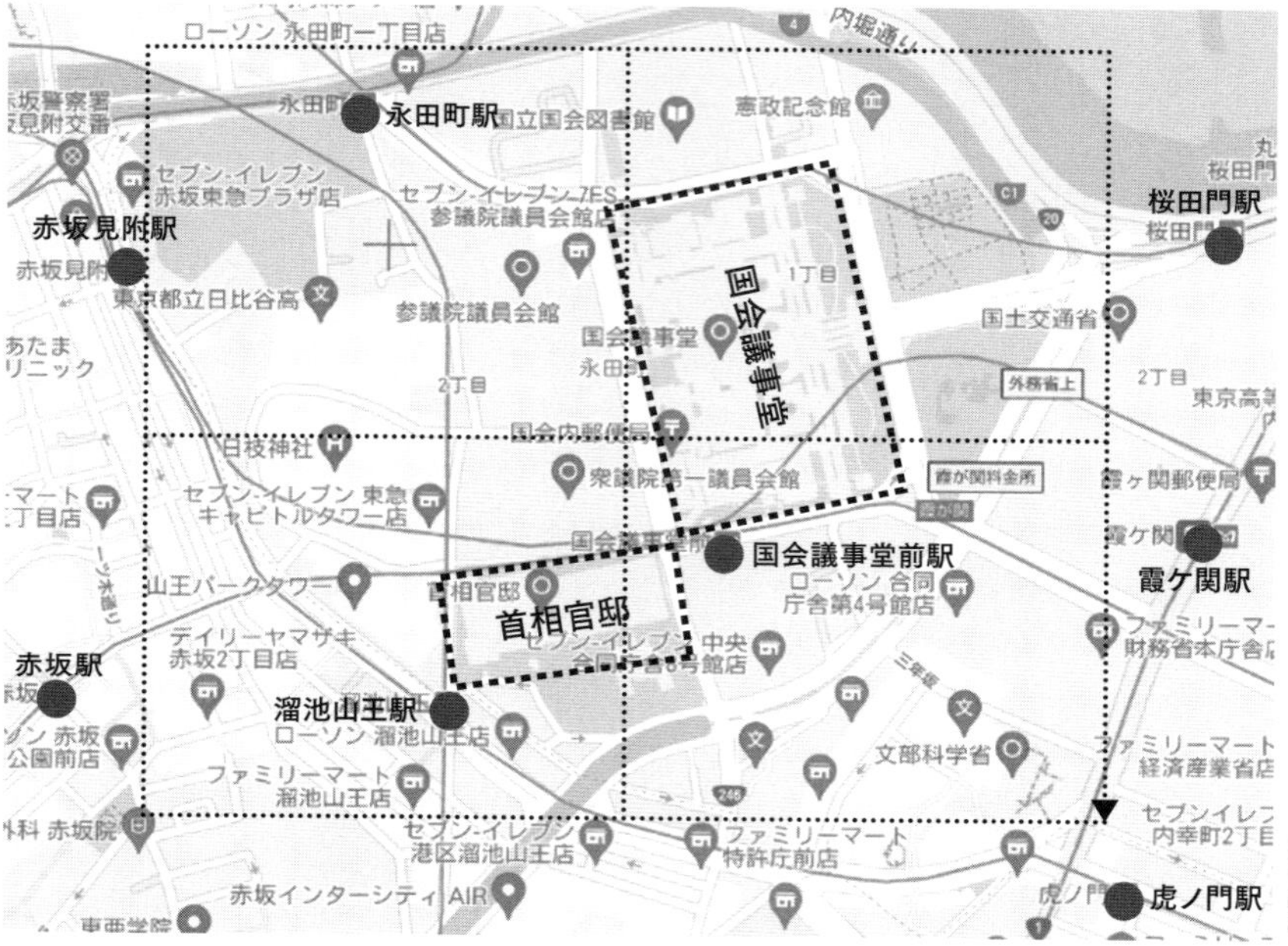

図25　データ収集を行う４つのメッシュ

大規模施設がエリアに含まれる場合には、事故や電車遅延、そのほかのアクシデントによって数千人規模でメッシュ人口は変わる。それゆえ実際には、データを網羅的に取得して、一日一日確認してみるまで、適切な差分日は確定しないといってよい。

そのことを大前提とした上で、可能なかぎり条件をそろえるためには、まず同じ曜日であることが重要である。平日と休日では人の移動はまったく異なるし、曜日ごとに人の移動は異なるはずだからである。また季節的な影響を排除するためには同じ月であることも重要である。基本的には前年の同月同曜日から差分日を設定するのが基本であるが、大都市では一年の間に周囲の建造物や道路・鉄道の状況が大きく変化し、通勤者・通勤ルートなどが変わる可能性がある。それゆえ、平日の場合、とりわけ鉄道駅が密集する国会・官邸付近のようなエリアでは、前年同月よりも、状況があまり変わらない同年同月の、何もイベントのない日を選ぶほうが適切な場合もある。

以上をふまえて、二〇一五年七月一五日（水）の抗議集会については、同年同月同曜日で、抗議集会を含めたイベントが発生しておらず、かつ一五日の抗議集会に関する報道の影響が及ばない二〇一五年七月八日（水）を選択した。また、二〇一五年八月三〇日（日）の抗議集会については、休日であるため、前年の同月同曜日のなかから、同じく前週でイベントがなされていないことがデータからもうかがえる二〇一四年八月二四日（日）を差分日として設定した。

本章では特に抗議集会の三つの特徴、すなわち①全体の変化・ピーク、②増減速度・幅、③性別・年代ごとの変化に注目することにしたい。抗議集会の最大の特徴はその規模であり、数百人か数百万人かでその意味や影響は大きく異なる。またその増減が急速で大幅なものか漸次的で小幅なものかも抗議集会のもつダイナミクスとして重要であろう。そしてどのような性別・年代の抗議者が集まり、その割合がどう変化していくのかということも抗議の性質をとらえる上でとても大切である。

これらの記述をとおして反安保法制抗議集会の特徴を把握するとともに、それらに作用しうる要因についても考察を進める。第1・2章では、デモ行進の配置・展開に物理的・社会的環境が作用することを示した。本章では集会とその変動に環境や時間的要因がどう作用しているか検討したい。

—3— 二つの集会とその変動

七月一五日（水）の事例

最初に安全保障法制に対する七月一五日の抗議集会について概要を示しておきたい。安保法制は二〇一五年五月二六日（火）に衆議院で法案審議入りし、六月五日（金）に地方公聴会が開催された。七月一四日（火）夜に大規模な抗議集会（日比谷野外音楽堂）が行われ、翌一五日（水）午前には衆議院平和安全法制特別委員会において安倍晋三首相出席の下、三時間の総括的質疑が実施された。それに合わせて同日九時から一二時まで国会正門前で「緊急抗議行動」が実施され、一三時からは「座り込み」がなされた。*52 午後には委員会で自民・公明両党の賛成多数で可決されたが、民主、維新、共産の野党三党は質疑打ち切りに反発して採決に加わらず、与党の単独採決になった。

雨が降るなかで、一八時半から抗議行動（二一時半終了予定）が開始された。「総がかり行動実行委」と「SEALDs（シールズ＝自由と民主主義のための学生緊急行動）」が初めて一緒に呼びかけた抗議行動であり、終了予定時間を超過して二三時四〇分ごろに終了したとされる（『赤旗』七月一六日付）。主催者発表で一〇万人、警察関係者によると六〜七〇〇〇人が参加し、うち数百人が二三時過ぎまで法案への反対を訴えたという（「日テレNEWS24」サイト記事［七月一七日更新］）。翌一六日（木）には衆議院本会議で採決された。

この一五日の抗議集会の特徴についてモバイル空間統計を用いて記述していきたい。まず図26からわかるように、参加人数は一三時台をピーク（一〇五五人）として一一〜一三時台に一つの山ができている。その後、一九時台をピーク（七五一八人）に急増し、その後急減していく。増加と減少の傾きはほぼ同じである。

性別でみると、女性、男性ともに一九時台が最大（女性三〇二一人、男性四四九七人）である。また、つねに男性が女性より多く、一四時台を除いてその差はおおよそ等しい。

年代別でみると［図27］、一三〜一九時台は六〇代が他年代より多い。ただし二〇時台以降は急減し、二〇〜二二時台は二〇代が、また二三時台は三〇代がそれぞれ最大になる。

八月三〇日（日）の事例

つぎに八月三〇日の事例をみていこう。『赤旗』（八月三〇日付）によれば、二〇一五年八月三〇日（日）

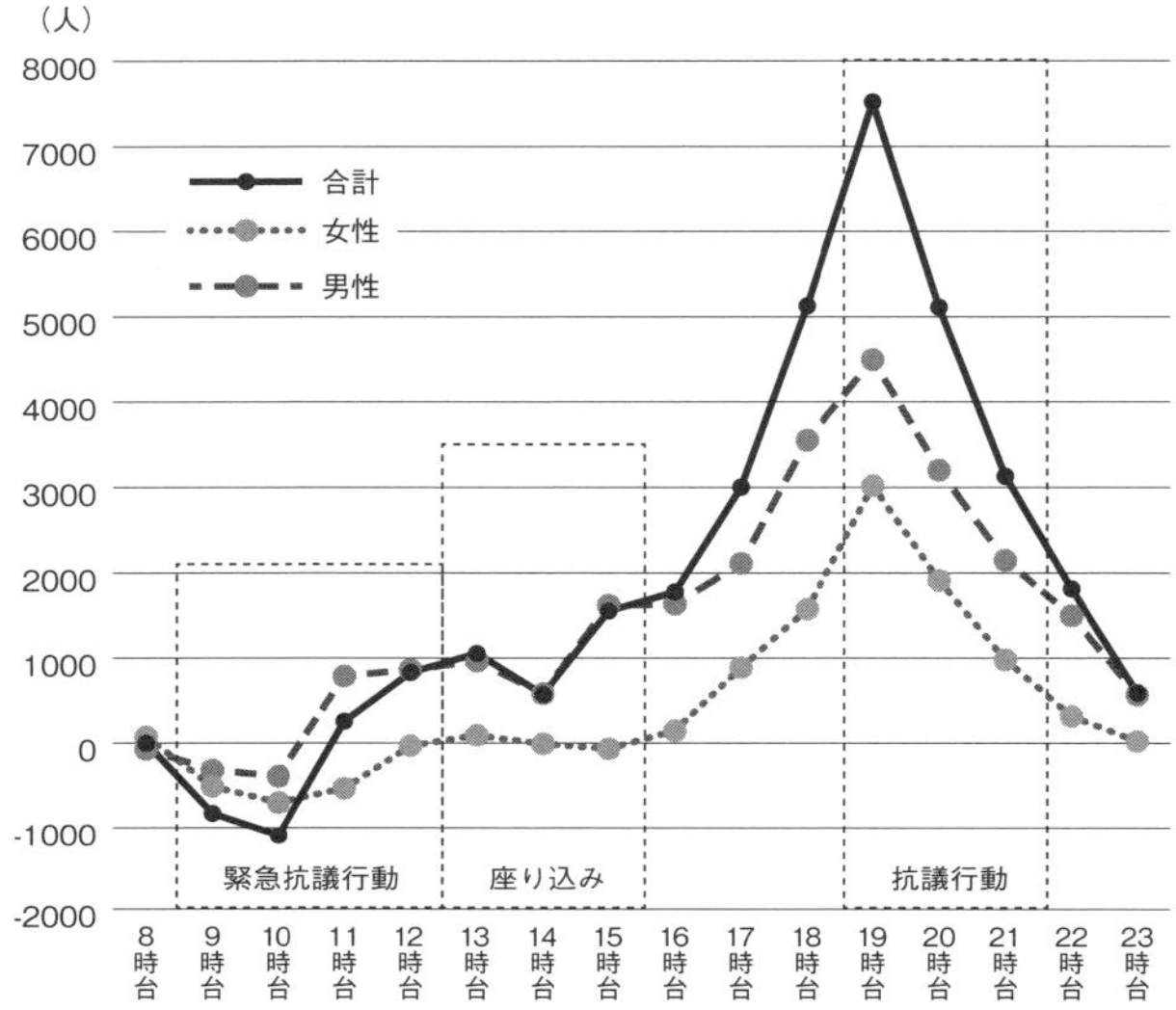

図26　抗議集会（7月15日）の時系列変化（全体・性別）

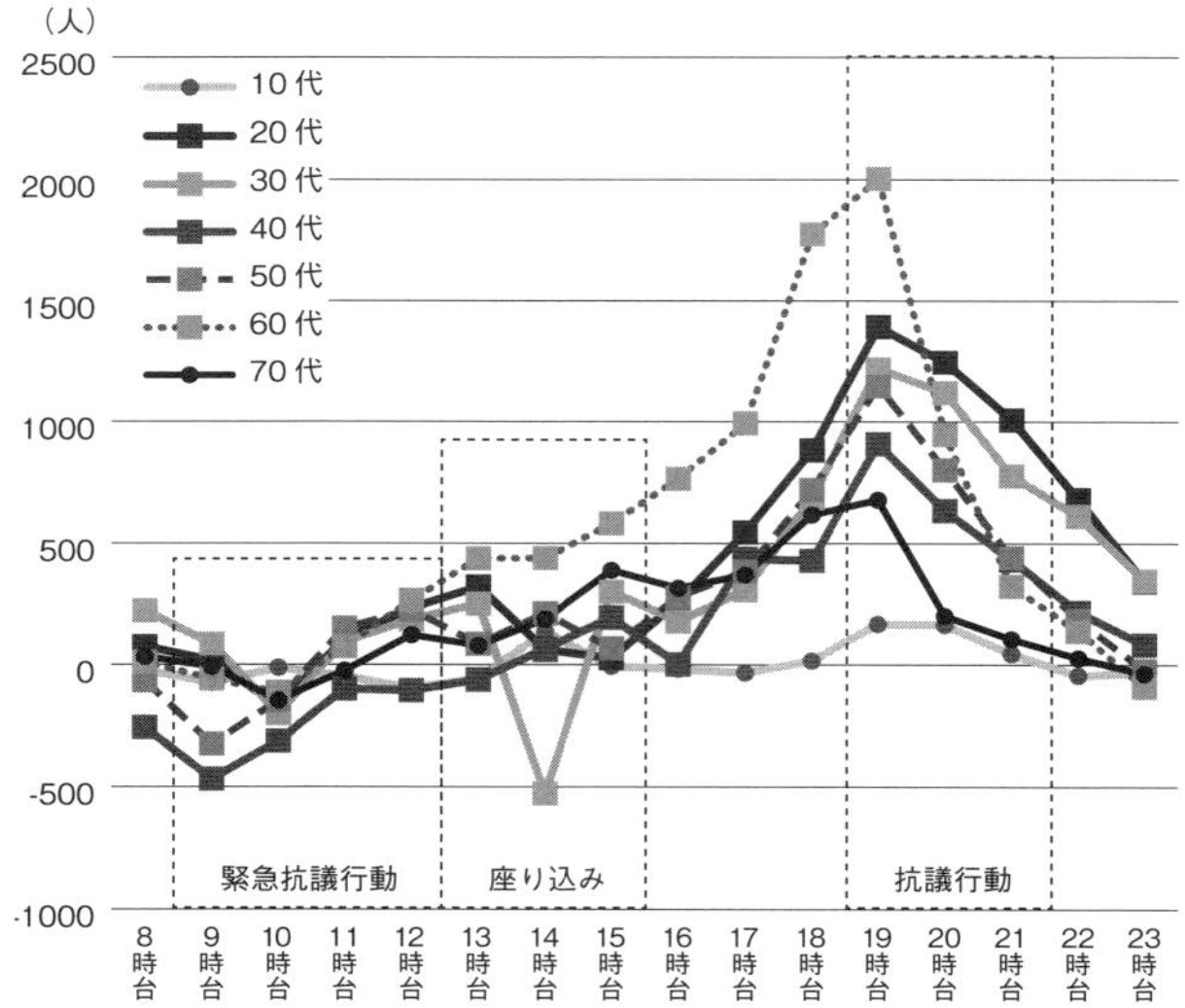

図27　抗議集会（7月15日）の時系列変化（年代別）

の一四時から一六時まで、国会・官邸周辺と霞が関・日比谷公園の広い範囲で大規模な抗議集会「国会10万人行動」が実施された。また一三時からは「若者」（前日に記者会見をしたシールズや高校生等をさす）が国会前で抗議を行い、大行動終了後の一六時からも国会前で抗議を実施した。それらにあわせて国会正門前と日比谷公園霞門などに発言ステージも設置されたという。『朝日新聞』（八月三一日付）によれば、実際の参加者は主催者（「戦争させない・9条壊すな！　総がかり行動実行委員会」）発表では一二万人で、「安保法案をめぐる抗議行動では最大」となったという（警察発表では国会周辺だけで三万三〇〇〇人）。各地から大型バスで参加する人々もおり、霞が関や日比谷周辺まで人で埋まった。雨が降るなかで、参加者は歩道にあふれ、警察側は車道を開放することになったとされる。

また抗議集会やデモ行進は北海道、名古屋、大阪、福岡、沖縄など全国で行われ、主催者の集計によれば、少なくとも全国約三五〇か所に及んだという。『東京新聞』（八月三一日付）には「霞が関など周辺も含めると35万人」という主催者発表の数字が掲載され、また一四時半時点での人の広がり（日比谷公園にまで及ぶ）も図示された。メディア研究部番組研究グループ「安保法案報道」分析チーム（2016: 38）も「デモは国会前だけではなく、全国各地で行われ、この日、国会周辺での集会を主催した団体によると、把握しているだけで全国約３００か所にも及んだ」としている。その後、安保法制は九月一七日（木）に参議院特別委員会で可決され、一九日（土）未明に参議院本会議でも可決されることになった。

つぎにモバイル空間統計を用いて、八月三〇日（日）の抗議集会の特徴を記述していこう。まず参加人数は**図28**からわかるように、一四時台をピーク（三万三九九七人）とする大きな山が一二〜一六時台にできている。増加幅は、一二時台から一四時台の間に急速に二五〇〇〇人ほど増加し、つぎの二時間で再び二万五〇〇〇人ほど減少する。その増加と減少の傾きは同じ程度に急角度である。

性別でみると、女性、男性ともに一四時台が最大で、女性は一万四九九三人、男性は一万九〇〇四人である。八〜一九時台、二二時台は男性が女性より多いが、かなり近接しており、二〇・二一時台は女性のほうが多くなる。

年代別でみると[図29]、一二〜一六時台は六〇代が他年代より多いが、増加も減少も急速で、一〇・一一時台と一七・一八時台は二〇代が一番多く、また八時台、一九時台および二一・二二時台は三〇代が一番多くなる。

以上、ビッグデータを用いて二つの抗議集会の全体、性別・年代別の変化をかなり詳細に記述してきた。なお四メッシュ間の抗議者の移動を追うこともできるが、それは別の機会に譲ることにしたい。次節では、延べ人数で二つの集会を比較した上で、時系列変化に空間的・時間的要因がいかに作用するのかについて考察しよう。

—4— 集会の内部構成と要因

本節ではまず延べ人数で反安保法制抗議集会をとらえた上で、その特徴や前節で描いた時系列の変化に作用する空間的・時間的要因について考察する。

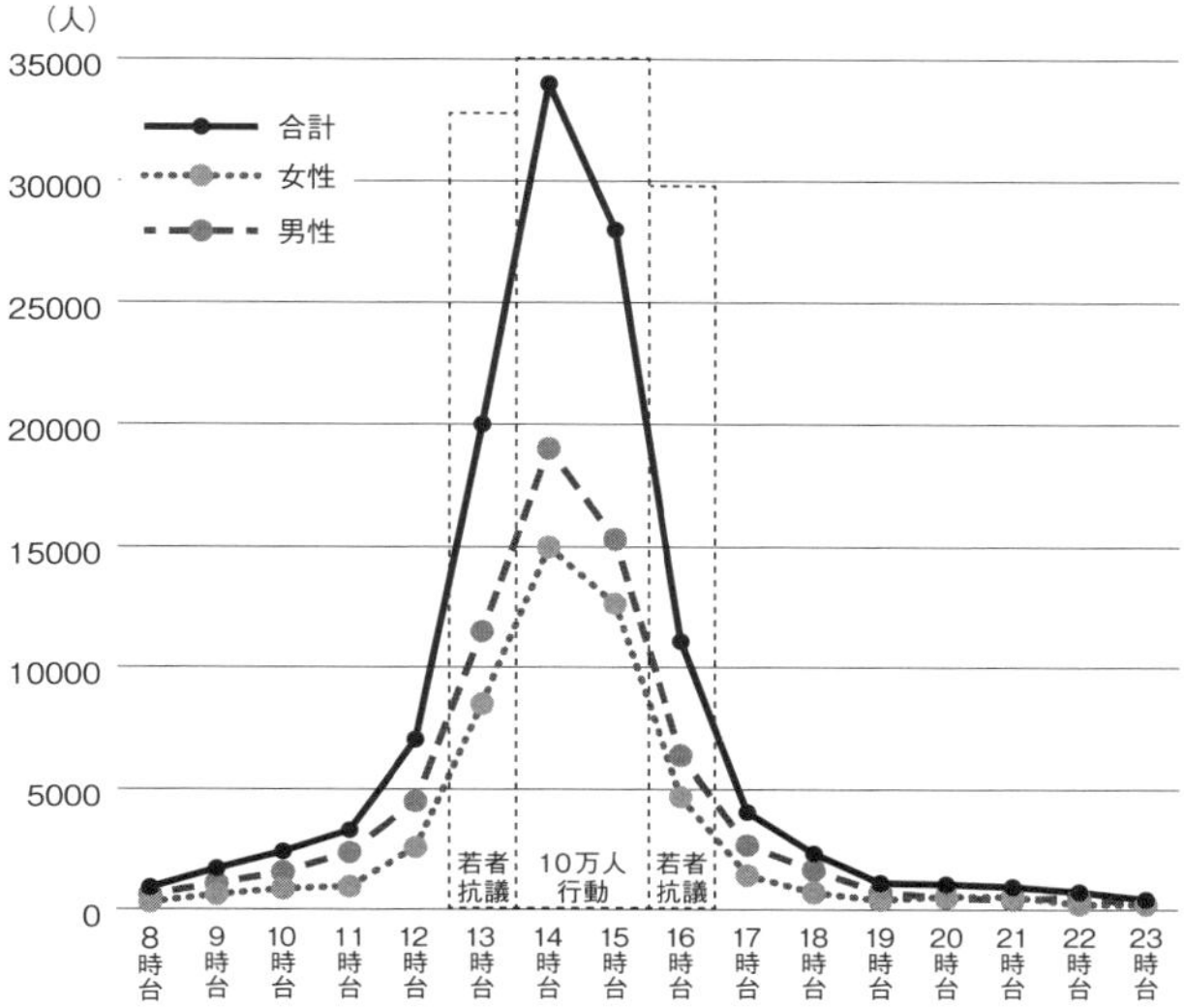

図28　抗議集会（8月30日）の時系列変化（全体・性別）

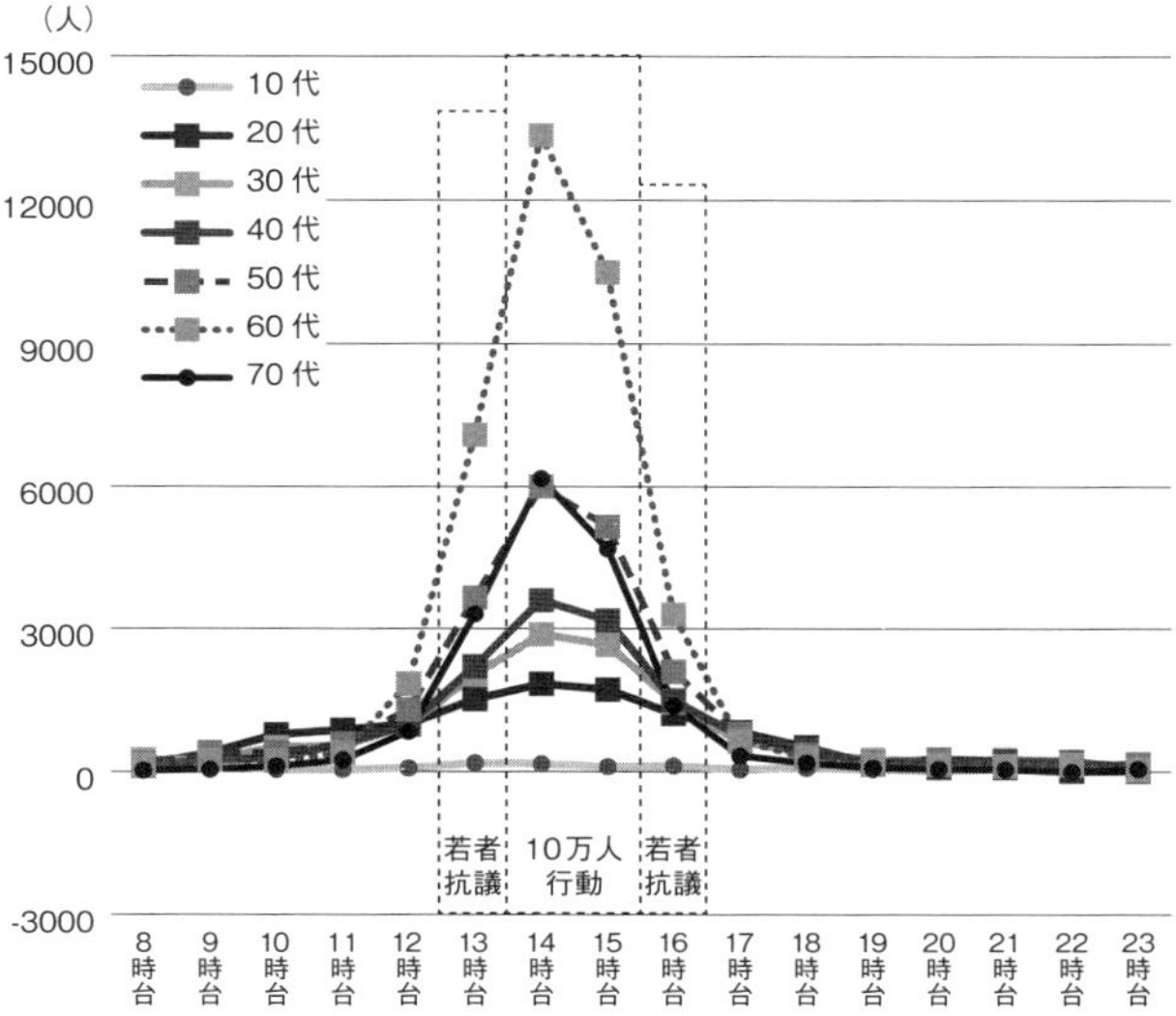

図29　抗議集会（8月30日）の時系列変化（年代別）

表5は、二つの抗議集会について、八〜二三時台の一時間ごとの人数を合計し、全体、性別・年代別の延べ人数を整理したものである。細かく推計ができる点がモバイル空間統計の持ち味であり、全体や性別・年代別の構成について以下では数字を明確にしつつ記述していきたい。

まず七月一五日についていえば、まず全体で三万四一六人となる。性別でみると女性は七一七五人、男性は二万三二四一人となり、約一対三で男性がかなり多い。年代でみると、一〇代八三人、二〇代七〇二七人、三〇代五六五八人、四〇代二一〇三人、五〇代四一四〇人、六〇代八四九四人、七〇代二九一一人となる（「一〇代」はビッグデータの性質上、一五歳以上しかカウントしないので非常に少ない）。六〇代のつぎに二〇代が多く、三〇代も三番目に多い。

また八月三〇日についていえば、全体で一一万八八九四人となる。性別でみると女性は五万七〇人、男性は六万八八二四人となり、約五対七で男性がある程度多い。年代でみると、人数では一〇代一一五九人、二〇代一万一二〇八人、三〇代一万三六〇二人、四〇代一万四九〇八人、五〇代二万一七七七人、六〇代三万八六八九人、七〇代一万七五五一人となる。六〇代、五〇代、七〇代、四〇代、三〇代、二〇代、一〇代という順番になり、六〇代を筆頭にかなり高齢者が多いことがわかる。

二つの抗議集会をくらべると、性別では、七月一五日は男性が七六パーセントを占めたが、八月三〇日には五八パーセントまで下がり、女性は二四パーセントから四二パーセントへと倍近く増加している。男性中心だった七月一五日から、八月三〇日にはどちらかといえば性別均衡的な抗議集会へと変化したといえる。反安保法制の抗議における男性抗議者の多さについては指摘がなされているが（ホルトス・樋口

表5　2015年反安保法制抗議集会の全体・内部構成（数値は延べ人数）

	全体／性別			年代別		内部構成の特徴
7月15日（水）	全体 30,416	女性	7,175（24%）	10代（15歳以上）	83（0.3%）	男性中心 世代均衡 比較的なだらかな増減
				20代	7,027（23.1%）	
				30代	5,658（18.6%）	
		男性	23,241（76%）	40代	2,103（6.9%）	
				50代	4,140（13.6%）	
				60代	8,494（27.9%）	
				70代	2,911（9.6%）	
8月30日（日）	全体 118,894	女性	50,070（42%）	10代（15歳以上）	1,159（1.0%）	性別均衡 高齢者中心 急角度の増減
				20代	11,208（9.4%）	
				30代	13,602（11.4%）	
		男性	68,824（58%）	40代	14,908（12.5%）	
				50代	21,777（18.3%）	
				60代	38,689（32.5%）	
				70代	17,551（14.8%）	

2020: 131）、八月三〇日に限ればかなり女性が多いといえる。

年代別では、七月一五日は二〇～四〇代（四九パーセント）と五〇～七〇代（五一パーセント）はほぼ均衡しており、二〇代（二三・一パーセント）は六〇代（二七・九パーセント）についで多い。八月三〇日は二〇～四〇代が三三パーセントに下がり、五〇～七〇代は六六パーセントになる。どちらかといえば世代均衡的だった七月一五日の抗議集会が、八月三〇日には高齢者中心の集会へ変化したといえるだろう。反安保法制の抗議集会に若者が多いという印象があるとすれば（松谷 2020: 73-74）、それは七月一五日にはあてはまるといえる。ただ上述のように、八月三〇日も九～一一時台と一七・一八時台には二〇代が一番多い（二一・二二時台は三〇代が最大）。

以上、二つの集会の全体および内部構成（性別・年代別）について比較検討してきた。つぎに時系列変化に作用すると思われる空間的・時間的要因について考察してみたい。

まず空間的要因で考えると、抗議集会に数千、数万人が集まったのは、そこに敵手である国会・官邸、官庁が存在し、かつ国会前に多くの人が全国各地から集まることのできる広い空間があるからである。*53 多くの鉄道駅が隣接し、貸し切りバス等が止まる駐車場もあり、トイレやコンビニエンスストアも多い。国会・官邸に詰めるマスコミがすぐ移動できる距離にあることも、連日、リアルタイムでの報道を可能にし、人々を呼び集めることに寄与したかもしれない。

このエリアには、大きな公園および国会前広場、トイレなどを除いて、抗議者が活用可能な施設や自律的スペースがあるわけではない。しかし、毎週のように国会前で行われてきた反原発等の抗議集会によって、空間自体の意味が変わっていき、国会前広場が一つのなじみの抗議空間に変化していたことは重要であろう。

つぎに時間的要因について考えてみたい。第1・2章でもデモ行進の時間的な変化をみたが、移動の記述が中心的だった。移動しない抗議集会の変化をとらえるためには時間軸が特に重要になる。七月一五日午前に緊急行動がなされたのは、一五日に首相が委員会で説明することが決まり、一六日に衆議院を通過する見込みになったからであろう。また、八月三〇日に最大の抗議集会が企画されたのは九月に参議院を通過する流れになったためだといえる。七月一五日に一九時台から抗議行動が予定されたのは平日の労働時間を避けたためであり、八月三〇日は休日で、昼から抗議が予定されたのだろう。また七月一五日の抗議集会が一一～一三時台と一九時台にピークを迎えるのは、緊急行動（九時台～）、座り込み（一三時台～）、抗議行動（一九時台～）の時間帯と重なっているからだろう。[*54] 八月三〇日（日）の抗議集会が一四時台という一点で急増し、その後急減するのは「国会10万人行動」の時間帯（一四～一六時台）と重なっているからだといえる。

ただし、主催団体が提示しているのは抗議開始の場所・日時だけであって、実際に人が集まるかは不明であるし、集まり方も解散の仕方もなにも指定されていない。七月一五日の場合、午前から緩やかに増加していったのは、午前、午後、夜に一つずつ抗議集会が予定されていたために、抗議者がとどまり続けたからであろう。終了後、急減したのは、すでに夜遅かったためだと考えることができる。また八月三〇日の場合、急激に増加したのは、午後、一つの大抗議集会しか予定されていないため、その開始時点をめがけて集まったからだろう。特に中心となっている高齢者がピンポイントで集結し、また終了次第、解散したために、まだ夕方であるが急減したと思われる（若い世代はその後も残っていたが数は少ない）。

このように、抗議集会が企画どおり人を集めるのか、またどのように集まり、解散するのかについて検討しようとすれば、とくに時間的要因を考慮に入れる必要がある。ただし、本章の課題は、そのような因果関係の説明（あるいは意義の解釈）の前段となる、抗議集会とその環境の記述・考察であり、時間的要因が抗議集会のありように作用しうる可能性を指摘するにとどめたい［表6］。

5　運動行為の特徴（内部構成）と空間・時間的要因

以上、本章ではビッグデータを用いて集会の変動を記述し、時系列変化と延べ人数から特徴をとらえた上で、抗議集会のありように作用する空間的・時間的要因について考察してきた。まずビッグデータ（モバイル空間統計）の仕様と対象エリア、差分日の設定および抗議集会の特徴について説明した上で、二つの大規模抗議集会をビッグデータで記述し考察を行った。それによって七月一五日集会は男性中心・世代均衡的で比較的なだらかに増減し、八月三〇日集会は性別均衡・高齢者中心で急角度で増減する、という対照的な特徴を見出すことができた。また空間的・時間的要因に関する考察は、社会運動の組織戦略に回収されないような側面（抗議者の集結・解散のタイミングやプロセス）を示唆するものだった。特にビッグデータを用いた集会記述法の提示を行うことができたのは重要で、今後、多様な事例に研究を拡大していく上

表6　抗議集会と空間的・時間的要因（2015年反安保法制抗議集会）

<table>
<tr><td></td><td colspan="2">集会の位置と日時</td><td>集結</td><td>解散</td></tr>
<tr><td></td><td>空間的要因</td><td>時間的要因</td><td>時間的要因</td><td>時間的要因</td></tr>
<tr><td>7月15日（水）</td><td rowspan="2">国会・官邸・官庁の存在

国会前広場や施設・駅の存在</td><td>15日午前の衆議院委員会総括質疑に合わせて実施

平日なので本抗議は夕方以降に</td><td>複数の抗議（9-11時の緊急行動、13時からの座り込み、18時からの国会前本抗議）実施で、抗議者が滞留。ピークに向けて緩増</td><td>本抗議の開始時間が遅いため19時台がピークでその後、23時までに急減（ただし20・30代は23時過ぎまで残留）</td></tr>
<tr><td>8月30日（日）</td><td>参議院通過の前

休日のため本抗議は日中に実施</td><td>大抗議に向けた高齢者の急増</td><td>高齢者中心で急減（20・30代除く）</td></tr>
</table>

で欠かせない。

もちろん本章では、安全保障法制抗議集会のうち二つについて記述・分析を進めただけであり、今後、ほかの抗議集会についても記述を重ねていく必要がある。また、集会には明確な抗議の意を伝えるものもあれば、積極的な賛同を示すもの、制度的なものも存在するだろう。

次章では、安全保障法制への抗議集会とは異なり、毎年、同じ場所、同じ時期に実施される「メーデー」の中央大会をビッグデータで記述していくことにしたい。

第6章

運動行為の変動

2015年メーデー中央大会

1　集会の制度的要素をとらえる

本章でも、集会のダイナミズムを、ビッグデータを用いて描く作業を重ねていきたい。反安保法制の抗議集会には、明確に敵手が存在し、かつそのすぐ近くで実施されたものであった。だが、社会運動が行う集会には、敵手が明確でないものや敵手から離れた場所で行われるものもあるし、自分たちの理念を示すためのもの、運動にとって意味のある場所で毎年恒例のようになされるものもある。

そこで本章では、日本の労働組合の全国中央組織（ナショナルセンター）によるメーデー集会を取り上げることにしたい。メーデー集会は、各ナショナルセンターによって毎年継続的に、決まった場所でなされており、内容もかなり制度化されたイベントである点で、反安保法制抗議集会とは対照的だといえる。

事例は二〇一五年に日本労働組合総連合会（連合）と全国労働組合総連合（全労連）がそれぞれ代々木公園で開催したメーデー中央大会である。本章では、ビッグデータを用いて二つの集会を詳細に記述し、前章と同じく集会全体・内部構成の変動をとらえるとともに、とくに集会が有する制度的要素（開会の挨拶や集会の趣旨説明、来賓・登壇者の紹介・挨拶、プログラムに沿ったさまざまな報告・主張、そして閉会の挨拶など）に注目することにしたい。

以下、第2節では、まず高頻度で大規模イベントが開催されるエリアでの差分日の取り方について検討した上で、第3節で二つのメーデー中央大会を描き、第5章と同じく三つの特徴（①全体の変化・ピーク、

②増減速度・幅、③年代・性別の変化）に注目する。そして第4節では集会の変動要因について制度的要素と結び付けつつ考察を行う。

2 エリアと差分日の選択

本章で焦点を当てるエリアは、両メーデーの舞台となった代々木公園イベント広場や競技場を含む五〇〇平方メートルの四つのメッシュからなる一〇〇〇平方メートルのエリア（メッシュコード：5339-4505）である。エリア内には小田急線の代々木八幡駅と東京メトロ千代田線の代々木公園駅が存在する。また国立代々木競技場、代々木公園陸上競技場、明治神宮御苑、青少年総合センターのそれぞれ一部も入る［図30］。

これらの施設ではイレギュラーなイベントが頻繁に開催されており、メーデー集会と重なった場合には、差分を取っても、正しい値を補足できない。それゆえ、これらの施設において、メーデー実施日および比較日にイベントが実施されていないかどうか、無視しうる規模か確認することが必要である。

連合のメーデー中央大会は基本的に土曜日に開催されているが、週末の代々木公園イベント広場ではたいていイレギュラーなイベントが開催されており、イベントのない比較日を、同じ曜日で探すことはほぼ不可能である。たとえば、二〇一四年四月二六日（土）の第八五回メーデー中央大会をとらえようとしたとき、同年の四月一九日（土）や五月三日（土）が候補になるが、四月一九日は「アースデイ東京」、五

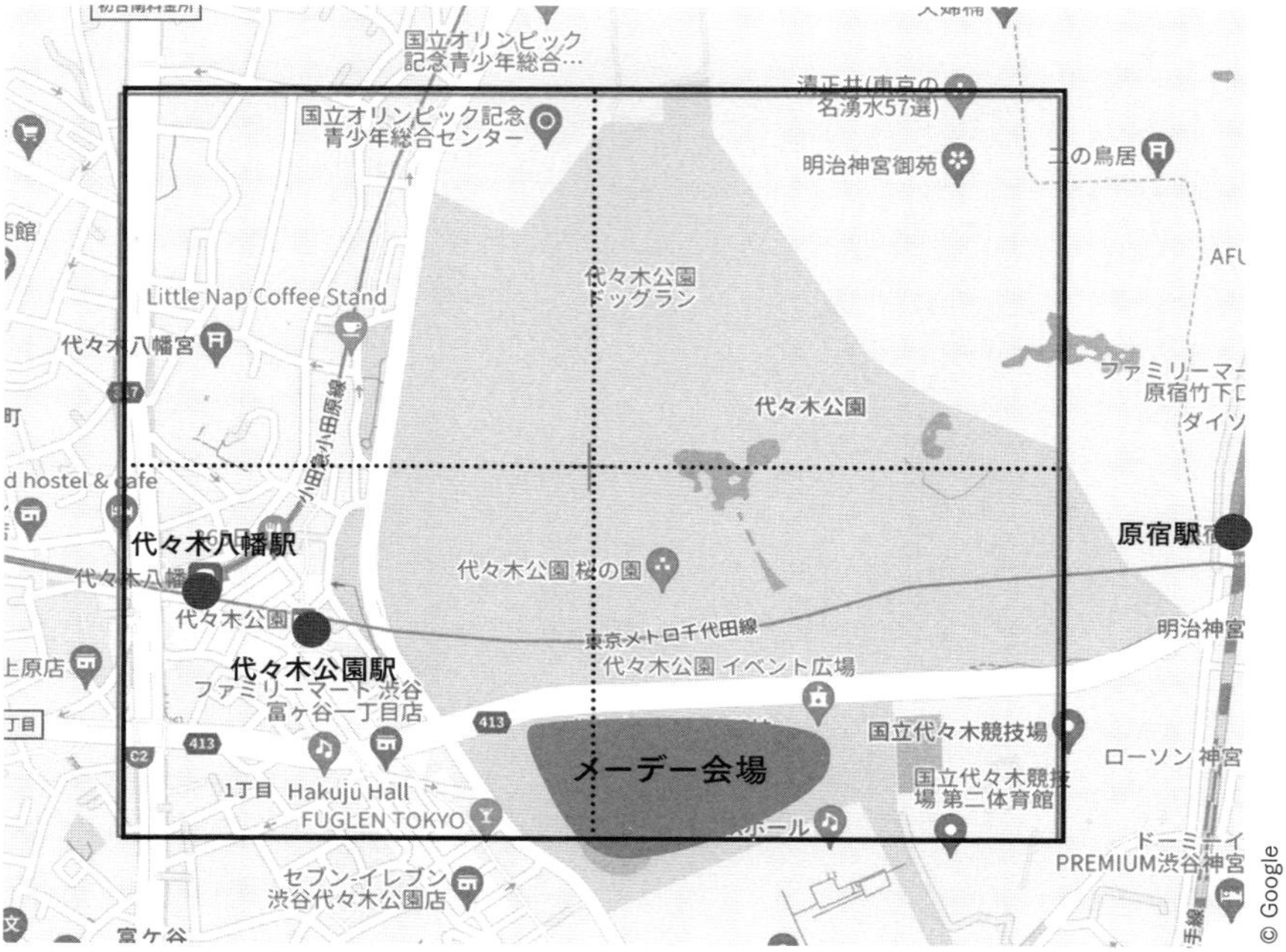

図30　データ収集を行う4つのエリア

月三日（土）は「シンコ・デ・マヨフェス」や「テレ東フェスティバル」がイベント会場で行われており、比較日として適切でない。四月一二日（土）も同様である。また二〇一七年四月二九日（土）第八八回メーデー中央大会を描くために比較日をとろうとしても、同年の四月二二日（土）は「アースデイ東京」、五月六日（土）は「レインボープライド」の実施日である。さらに探しても、五月一三日（土）は「タイフェスティバル」、二〇日（土）は「沖縄祭り」、二七日（土）は「ラオスフェスティバル」、六月三日（土）は「エコライフフェア」、一〇日（土）は「ベトナムフェスティバル」がある。二〇一八年四月二八日（土）第八九回連合メーデー中央大会や二〇一九年四月二七日（土）第九〇回連合メーデー中央大会も同様である（二〇二〇年度はコロナ禍でメーデー自体が中止）。

それに対して、二〇一五年は、四月二九日（水・振休）に開催され、差分を取る五月六日も水曜・振替休日であり、どちらでもイベントが開催されていない。全労連メーデーも「五月一日」を重視して平日開催が常態化しているので、イベントとの重なりはない。このように二〇一五年は例外的に差分を取ることが可能な年なのである。

なお連合メーデーがなされた二〇一五年四月二九日（水・祝）には、一四時（一三時開場）から二一時まで、代々木第一体育館において、延べ三万二〇〇〇人が来場予想の「ガールズアワード」が開催された。[*55] メーデーのピークは午前一〇時台であり、時間にずれがあるため、それほど影響を考えなくてもよいが、一三・一四時からのわずかな変動にはそのイベントが影響している可能性はある。ただ、差分日の二〇一五年五月六日（水・祝）にも第一体育館で一五時から二、三時間、二万四〇〇〇人が集まるライブイベントがなされており、かなり相殺されている可能性はある。[*56]

また全労連メーデーの場合は平日であり、大会が実施された五月一日（金）と比較日の八日（金）にイレギュラーなイベントが開催されている様子はなく、差分を取ることは可能である。

次節では二〇一五年の二つの中央メーデーについて記述していく。

—3— 二つの集会とその変動

連合メーデー中央大会：四月二九日（水・祝）

まず二〇一五年四月二九日（水・祝）に、連合の第八六回メーデー中央大会が代々木公園で一〇時半から一四時半まで開催された。その前に新宿中央公園と千駄ヶ谷区民会館から、「約五一〇〇人」参加予定の「結集デモ」がなされたという。[*57]主催者によると「約四万人」の参加者が大会に集まったとされる。式典は連合会長（大会実行委員長）の挨拶から始まり、厚生労働大臣、東京都副知事、野党の民主党幹事長等が来賓として招かれた。ほかにアムネスティ・インターナショナル日本、情報労連KDDI労組、東日本大震災被災地からのアピールおよびメーデー宣言の採択がなされた。[*58]

二〇一五年五月六日（水・祝）と差分を取った結果（全体・性別）が**図31**である。また、年代別で整理したのが**図32**である。

以下、増減のサイクルやピークと式典スケジュール、性別・年代別の時系列変化、延べ人数の年代・性別構成について詳しくみていきたい。

全体でみると、八時台は二一九二人、九時台は四一九六人と倍に増加し、そして一〇時台にはピークの一万九六九九人となる。その後、一一時台は九一三〇人と少し減り、一二時台には三八四六人と大きく減少する。一三時台は三五三九人、一四時台は二〇四三人と減少し、一五時台には一五九一人まで下がる。

ピークは一〇時台の一万九六九九人であり、一〇時半からの式典開始時間と合致している。式典の前にデモが行われているために、開始時間に参加者がピークを迎えている。つまり八時から一五時まで一つのサイクルが形成されている（ガールズアワードの影響で再びやや増加する）。この点はメーデーのスケジュール（一〇時半から一四時までの式典およびその前の結集デモ）とほぼ合致している。

性別でみると女性は八時台一二五五人、九時台一五九五人で、一〇時台に三三〇二人と大きく増える。一一時台に三〇二八人と少し減り、一二時台一七八九人、一三時台一八四二人、一四時台六四八人と減少する。男性は八時台の九三七人から九時台に二六〇一人と大きく増加し、さらに一〇時台に七六六七人と三倍近く増加する。その後、一一時台に六一〇二人、一二時台に二〇五七人に大きく減る。ピーク時を性別でみると、男性の参加者七六六七人は女性参加者三三〇二人の倍である（どちらも一〇時台）。

ピーク時を年代でみると、三〇代三五四四人、四〇代二七七六人、そして二〇代二五五三人、五〇台一七六一人という順で、六〇代五三一人、七〇代がマイナスである。

つぎに八〜一五時の一時間ごとの人数を足した「延べ人数」は三万七五〇六人であった。主催者発表の「約四万人の参加者」は、メーデー開催時間帯に入れ替わり参加した人数の累積と考えられるが、延

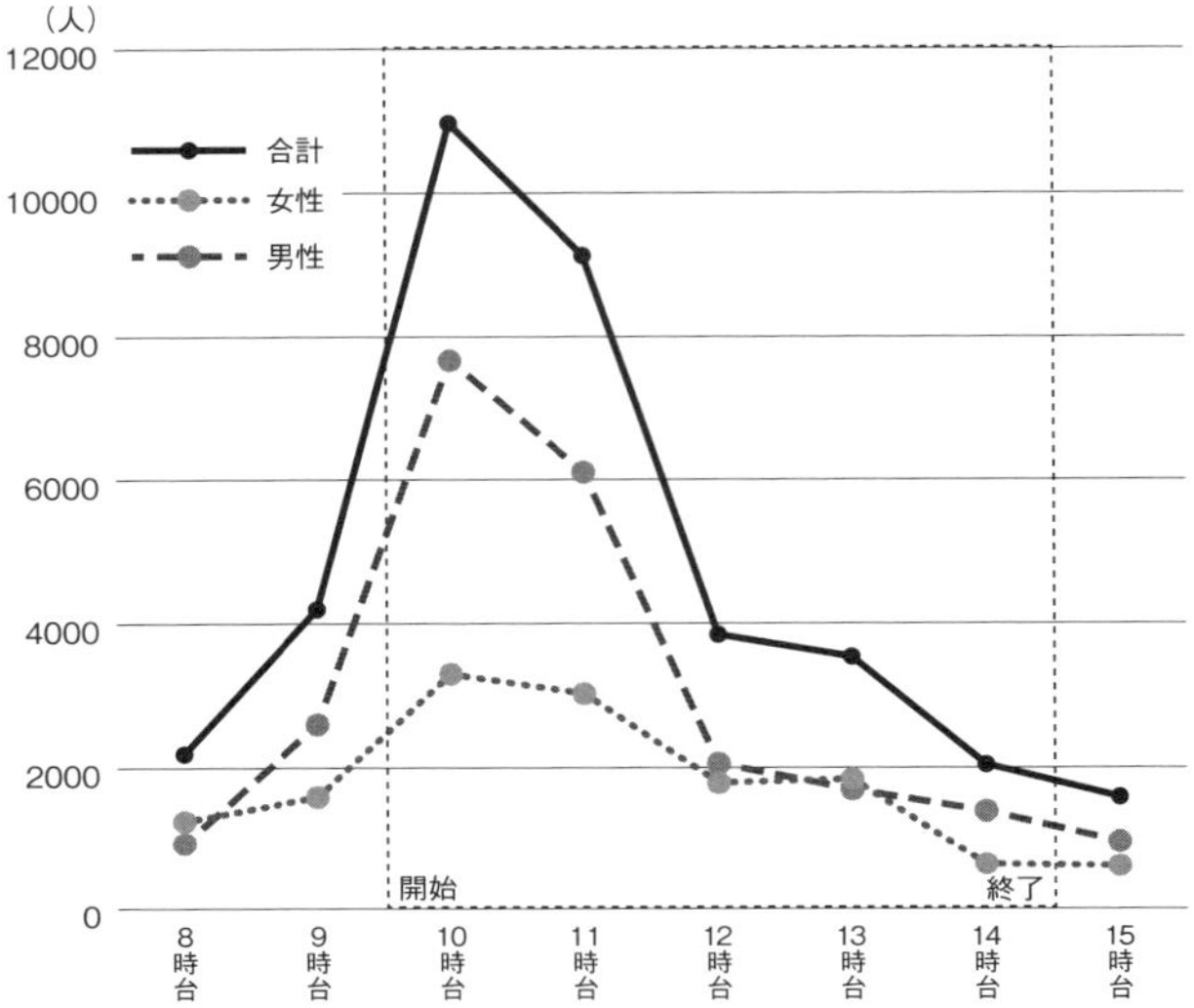

図31　2015年4月29日開催の連合メーデーの時系列変化（全体・性別）

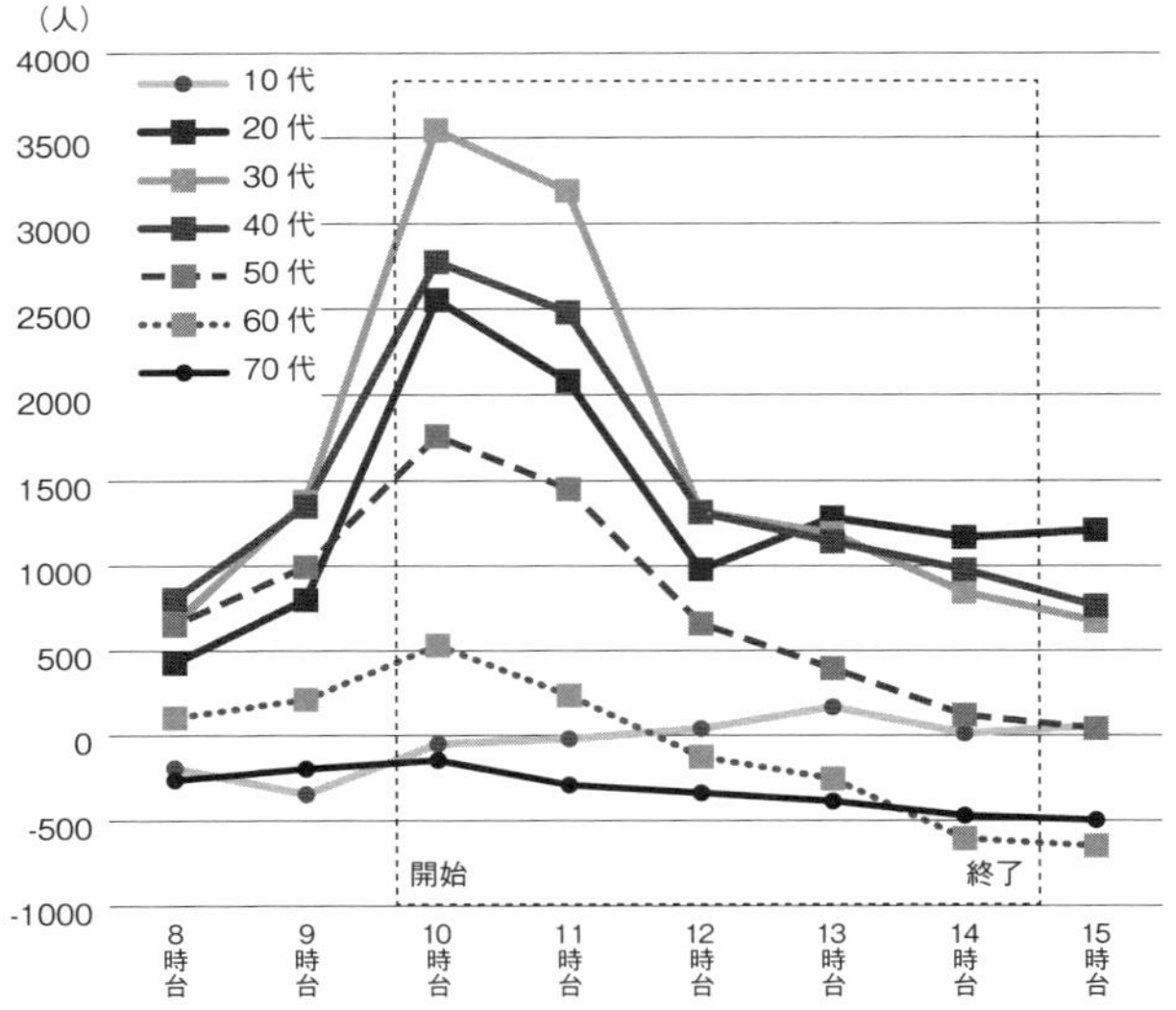

図32　2015年4月29日開催の連合メーデーの時系列変化（年代別）

べ人数とある程度一致するのかもしれない。[*59] 性別でみると男性は二万三四二五人、女性は一万四〇八一人。男性が約六割、女性が約四割である。年代別にみると最大は三〇代の一万二八〇〇人で、四〇代一万一六〇七人、二〇代一万五〇二人と続く。これはピークの年代と同じ順位である。六〇代・七〇代・一〇代（一五歳以上）はマイナスの値となる。

全労連メーデー中央大会：五月一日（金）

つぎに全労連の第八六回メーデーは二〇一五年五月一日（金）に代々木公園で開催された。九時開場で、一〇時から文化行事が始まり、一一時からは式典が開始されている。[*60] 各組織から連帯・激励あいさつ、決意表明やメーデー宣言提案・採択などがなされたという。主催者発表で式典参加者は二万八〇〇〇人である。その後、デモ行進が一二時二〇分から三コースで実施されている。[*61]

五月一日にはこのエリアで他にイレギュラーなイベントは発生していない。同年同月同曜日でイレギュラーなイベントが起こっていない二〇一五年五月八日（金）と差分を取った結果（全体・性別）が図33である。また、年代別で整理したのが図34である。

全体は八時台一七〇人から、開場後の九時台に九九九人、一〇時台に二二七九人に大きく増加し、式典開始の一一時台に三三一九人でピークを迎え、一二時台に三二八〇人と少し減る。一三時台に五五六人に大きく減る。つまり八時から一四時までが一つのサイクルになっていて、それはメーデーのスケジュール（九時開場、一〇時から文化事業、一一時から一二時二〇分までの式典および一二時二〇分からのデモ）とおおむね重なっている。式典後にデモがあるために、終了時間あたりにピークが来て一気に減る。最大人数は一一時台の三三一九人であり、そのピークは一一時からの式典開始と合致しているといえる。

性別でみると女性は式典開始の一一時台に一一五九人になり、一二時台に九四四人と減少する。男性は一一時台に二一六〇人に、一二時台には二三三六人と最大となっている。ピーク時を性別でみると、男性の参加者二一六〇人は、女性参加者一一五九人の倍である。

年代別でみると二〇代と六〇代は式典開始の一一時台に最大になるが、三〇代、四〇代、五〇代、七〇代は一二時台に最大を迎える。ピーク時を年代でみると、二〇代八四六人、六〇代六四三人、五〇代六三六人、三〇代六〇五人、四〇代五四三人、七〇代三五九人という順で、一〇代（一五歳以上）はマイナスである。

一時間ごとの人数を足した延べ人数は一万六二五人であった。主催者発表の「二万八〇〇〇人」とはかなり開きがあるといえるが、エリアに入っていない部分の参加者が欠けている可能性がないわけではない。延べ人数でいくと、男性は七五二四人、女性は三一〇一人で二倍以上の開きとなる。また年代でみると、最大は二〇代の二八八〇人で、五〇代二二六〇人、六〇代二〇一五人、四〇代一九五〇人、三〇代一七九六人、七〇代一一〇三人と続く。これはピークの年代と同じ順位である。

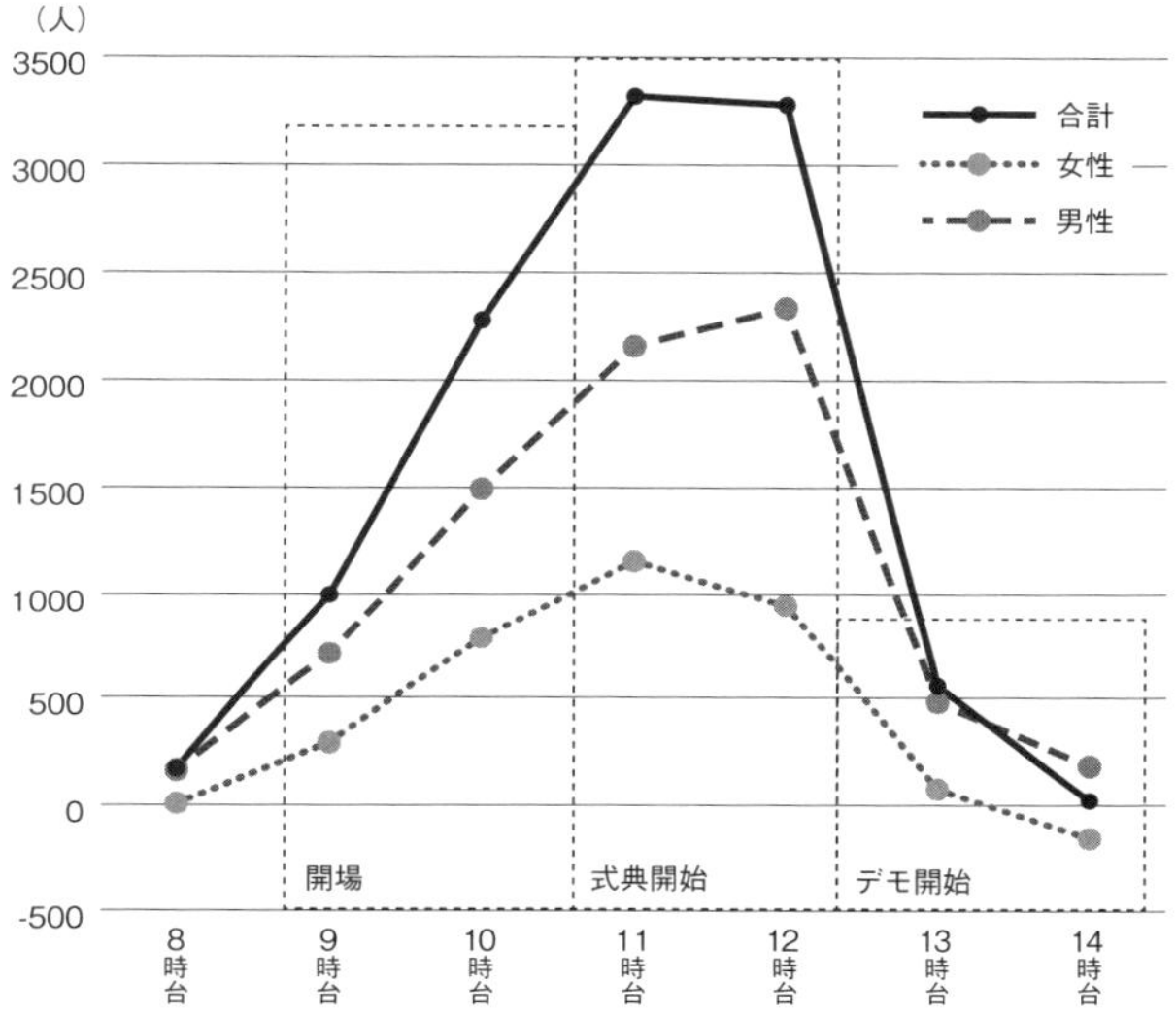

図33　2015年5月1日開催の全労連メーデーの時系列変化（全体・性別）

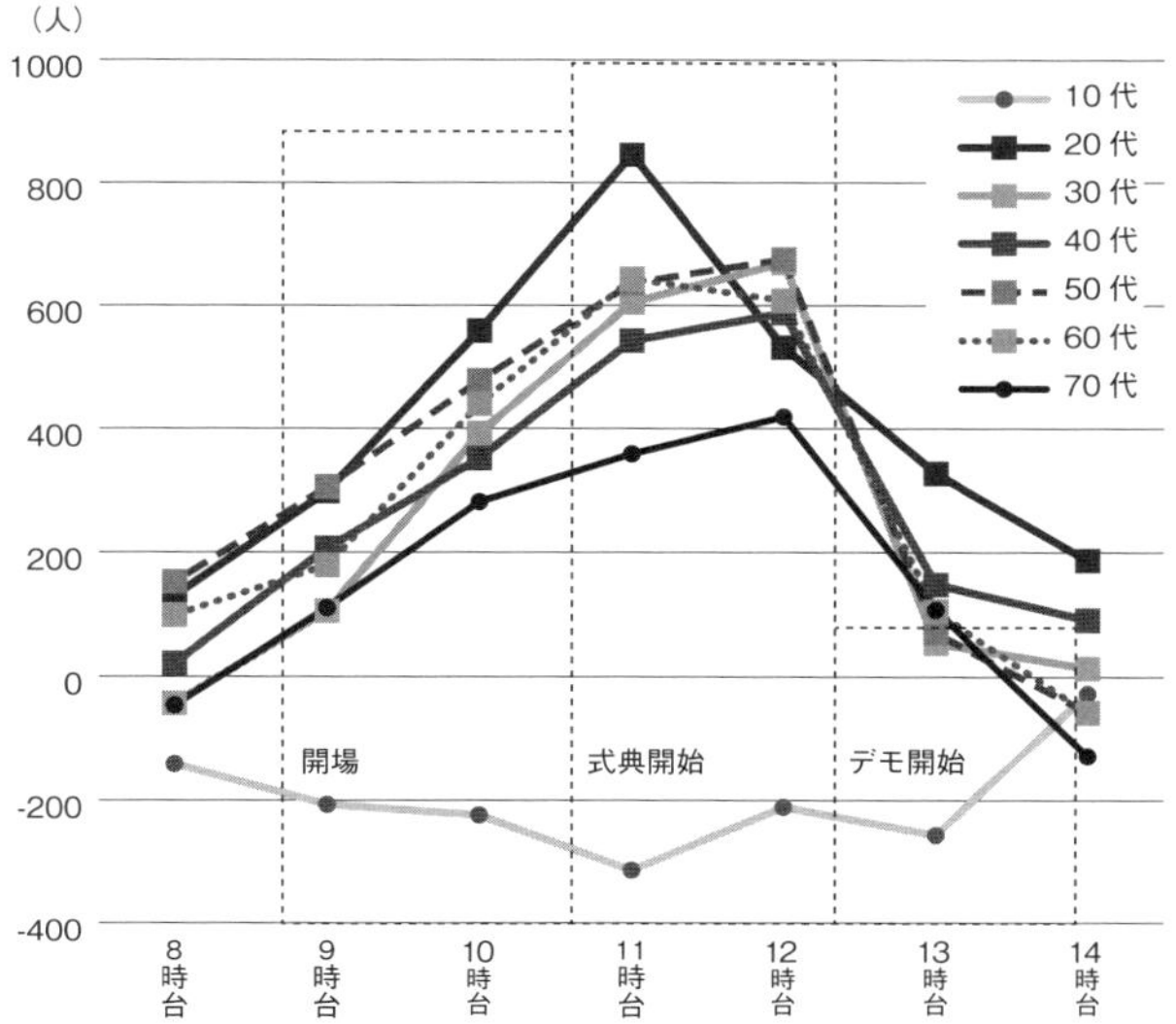

図34　2015年5月1日開催の全労連メーデーの時系列変化（年代別）

4　集会の変動と要因

最後に二つのメーデーについて比較分析を行おう。表7は二つのメーデー中央大会の参加者の変化を整理したものである。

参加者全体の違いは、主催団体の動員力からある程度、説明できる。二〇一五年の労働組合基本調査*62によれば、二〇一五年六月三〇日において、「連合」に加盟する組合員数は約六七五万人で、「全労連」に加盟する組合員数は約五七万人である。連合メーデーの参加者が全労連メーデーより多い点は、このような組合の状況からある程度説明ができるだろう。

連合メーデーでは、ピーク時を年代でみると、六〇代五三一人、七〇代がマイナスである。また延べ人数でみても六〇代・七〇代・一五歳以上はマイナスの値となる。全労連メーデーでも七〇代三五九人で、一五歳以上はマイナスである。延べ人数でも、七〇代一一〇三人、一五歳以上はやはりマイナスの値となる。六〇・七〇代の少なさは「退職」の影響であり、一五歳以上のマイナスも雇用前であることの影響と考えられる。労働組合が現役労働者の集まりだと考えると不思議なことではないが、第5章でみた国会前の反安保法制抗議集会とは正反対の年齢構成だといえる。日本の運動全般に高齢化がいわれるなかで、注目に値するだろう。

他方、全労連メーデーでは、延べ人数で六〇代が二〇一五人、七〇代も一一〇三人おり、二〇代が最多

表7　連合（上）と全労連（下）のメーデー中央大会と空間的・時間的要因

	男	女	15歳以上	20代	30代	40代	50代	60代	70代	全　体
8時台	937	1255	−192	428	658	803	652	105	−262	2192
9時台	2601	1595	−346	799	1381	1352	994	212	−196	4196
10時台	7667	3302	−50	2553	3544	2776	1761	531	−146	10969
11時台	6102	3028	−20	2081	3193	2479	1452	236	−291	9130
12時台	2057	1789	40	978	1319	1315	658	−126	−338	3846
13時台	1697	1842	167	1284	1192	1143	395	−255	−387	3539
14時台	1395	648	12	1169	842	977	120	−606	−471	2043
15時台	969	622	55	1210	671	762	41	−650	−498	1591
合　計	23425	14081	−334	10502	12800	11607	6073	−553	−2589	37506

	男	女	15歳以上	20代	30代	40代	50代	60代	70代	全　体
8時台	162	8	−141	129	−43	21	152	98	−46	170
9時台	709	290	−207	299	105	207	306	179	110	999
10時台	1494	785	−224	559	392	352	478	440	282	2279
11時台	2160	1159	−313	846	605	543	636	643	359	3319
12時台	2336	944	−211	532	669	588	675	608	419	3280
13時台	479	77	−256	328	54	148	70	105	107	556
14時台	184	−162	−27	187	14	91	−57	−58	−128	22
合　計	7524	3101	−1379	2880	1796	1950	2260	2015	1103	10625

であることは注目に値する。高齢者が多いとともに若年者も多いという状況は、日本の運動全般にみられる「高齢化」とは異なる。おそらく全労連は、全労連非正規雇用労働者センターを設立するなど非正規雇用者の組織化に努めており、非正規雇用の若年者や高齢者の参加がみられやすいのかもしれない。年代ごとにピーク時間は異なり、二〇代と六〇代は一一時台だが、三〇～五〇代および七〇代は一二時台がピークである。おそらく一二時二〇分からのデモ開始と関連していると思われる。ちなみに二〇代は文化行事開始の一〇時台においてすでに多く一三時台でもまだ多い。

ピーク時を性別でみると、連合メーデーの男性参加者は、女性参加者の倍である。延べ人数でみると、男性が約六割、女性が約四割である。ピーク時と全体とで差が異なるのは、女性はピーク時にそれほど偏っていないためであろう。一三・一四時台についてはほかのイベント、ガールズアワードの影響を否定できないが、女性より男性のほうが多いのは、国会前抗議にもあてはまる傾向だといえる。

全労連メーデーのピーク時の男性参加者は、女性参加者のほぼ倍である。延べ人数でいくと二倍以上の開きとなる。女性より男性のほうが多いのは、連合メーデーにも国会前抗議（第5章）にもあてはまる傾向だといえるが、連合メーデーと違い、男性のピークはデモ実施の一二時台で、女性は式典開始の一一時台というようにズレがおきている。その結果、ピーク時よりも延べ人数のほうで男性と女性の開きが大きくなっている。男性が式典開始の一一時台ではなく一二時台のほうに多いのは、おそらくは一二時二〇分からのデモ開始と関連していると思われるが、主催者の想定とは異なるはずである。

なぜそうなるのか。メーデーはきわめて組織的でスケジュールも事前にチラシで共有されているが、それでもずれは起こる。連合メーデーでは、主催者発表とビッグデータでの全体把握にそれほどずれはなく、ピークについても一〇時半からの開始時間と合致しているなど、組織戦略とずれは少ない。ただし、一〇時台と一一時台は多いが、一二時台から大きく参加者が減っている。一二時台には半分以下になるなど、一四時半のイベント終了までに大きく減っている。このことは、主催者の意図とは異なるだろう。

全労連メーデーでは、主催者発表とビッグデータでの全体把握がより大きくずれている。主催としては来賓を迎え、演説もなされる一一時台にピークが来ることを想定しているはずだが、実際には一二時台にピークが来ており、組織戦略からずれている。おそらくは、一二時二〇分からのデモ行進の存在が影響していると考えられるが、多くの年代において、とくに七〇代において一二時がピークになっていることは全労連がより行動的な運動に近いということかもしれない。

第5章で取り上げた反安保法制集会と比べると、メーデー中央大会はかなり組織化されていて、イレギュラーなことやハプニングがきわめて起こりにくくなっている。式典が大きな位置を占めていてその間は離脱が難しいため、式典中＝ピークの滞在時間が長く、結果としてグラフが台形になっているのかもしれない。それに対して反安保法制集会ではそのような式典はなく、滞在時間は短く、ピークがかなり鋭角のグラフになっている。

メーデー中央大会の開催地は、毎年、固定されている。内容も式典が多くを占め、前例を踏襲してなされている。組織的に実施されているがゆえに、各労組の特徴が性別・年代別にも反映されているのかもしれない。ただそれでも増減のタイミングなどにずれもあり、それらは組織戦略からは説明ができない。警察のチャージもない以上、それらのズレはおそらく気候や時間帯、そして個々人の判断から説明するしかないだろう。

5 運動行為の特徴（制度的要素）と組織戦略

以上、本章では、二つのメーデー中央大会の全体・内部構成の変動、具体的にはサイクル・ピークと式典スケジュール、ピーク時や延べ人数の性別・年代別変化・構成について、ビッグデータを用いて記述し、比較考察してきた。

第5章でみたように反安保法制の抗議集会はかなり流動的で、抗議スケジュールも国会状況に合わせて変化したが、メーデー中央大会の場合は、日程・場所はかなり前から予約されており、内容も式典重視・前例踏襲で、組織的に実施されていた。集会の制度的要素が強くなれば、敵手の影響は弱まり、お決まりの開催地ゆえに物理的・社会的環境の影響も小さくなって、組織的要因の説明力が高まる。ただ人々が集まるタイミングや増加幅・速度、また解散するタイミング、減少幅・速度は年代や性別で、また個々人で異なっており、それらは組織戦略からはうまく説明ができないままである。

もちろん第5・6章合わせても、まだ少数の集会の記述しかできておらず、今後さらに記述例を増やして、検討していく必要がある。

補論

個人の運動行為――二〇二〇年緊急事態宣言下の外出行動

デモや集会は、「集合的」な運動行為だといえるが、個人も運動行為を行うことができる。たとえば一人で訴訟を起こすこともできるし、募金もできるし、SNSで抗議意思を発信することもできる。路上や広場で拡声器やプラカードを用いて訴えることもできるし、「理不尽」と感じるルールをあえて破ることで、ルールを変えようという人もいる。

二〇二〇年から新型コロナウィルス感染症が広がり、緊急事態宣言が出され、飲食業の休業要請や出勤・外出の自粛要請がなされたが、その措置を批判する目的であえて外出する人々がいたとすれば、それも個人の運動行為ととらえることができる。補論では、このような外出行動を個人的運動行為ととらえてビッグデータ（モバイル空間統計）を用いて記述していく。

NHKウェブサイト[*63]によれば、二〇二〇年四月七日には七都府県に緊急事態宣言がなされた。一六日には緊急事態宣言が全国に拡大され、一三都道府県は「特定警戒都道府県」とされた。五月四日に政府は緊急事態宣言を三一日まで延長した。

その後政府は、五月一四日に三九県で宣言を解除し（八都道府県は継続）、二一日には関西も解除され、首都圏の一都三県および北海道だけになる。そして二五日には全国で緊急事態宣言が解除された。

図35は、二〇二〇年五月一日（金）から六月七日（日）までの関東エリアの各駅周辺の人口増減である。データは毎日一五時台の当該エリアの人口状況を、前年同月比（休日平均／平日平均）と差分を取ったものである。

まずゴールデンウイーク明けの五月七日（木）には、茨城県取手駅を除き、ほぼすべての駅周辺で人数が増加している。また、北海道・首都圏・京阪神を除く解除日（五／一四）の翌日の五月一五日（金）、北海道・首都圏を除く解除日（五／二一）の翌日の五月二二日（金）も都心の駅周辺では大きくではないが増加している。全国解除日（五／二五）の翌日である五月二六日（火）も同様である。グラフからわかるのは、緊急事態宣言下においても減少していないエリアはある程度存在していることであり、土日であっても、緊急事態宣言下、自粛／ステイホーム期間に人々はかなり外出しているということである。

つぎに何が個人的運動行為の要因となっているかについても考察してみたい。なぜ人びとは制約があっても出かけるのか。[*64] まず法律・宣言の内容、罰則、警察のチェック、アプリによる監視状況などが社会的環境として重要である。繁華街の存在含め、駅周辺の物理的環境も影響を与えるに違いない。地方都市か大都市か、人口密度が高いエリアなのか、陽性者の多いエリアか、外食頻度の高いエリアか、対人サービス業中心のエリアかも関連するだろう。また勤務先企業がオンライン勤務を許しているか否か（大企業や官庁の多い大都市圏では、比較的、テレワーク態勢がとりやすいだろう）も重要である。

そのうえで、個々人の運動行為は、当然、当該個人の利害・価値観・感情・慣習に、またバイアスなど

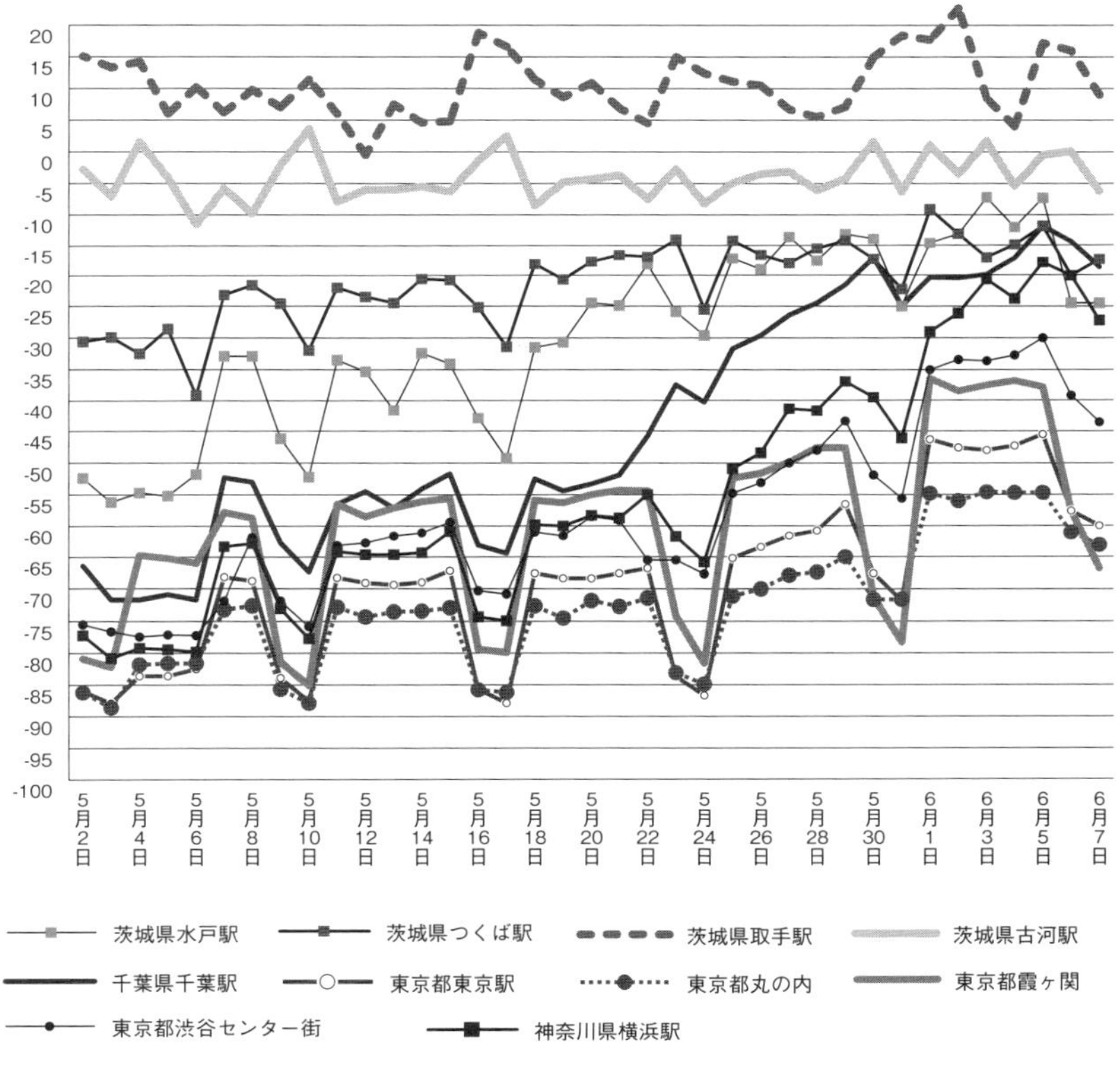

図35　関東エリアの一部中心駅近隣の人口増減（2020年5月1日～6月7日）

にも左右されるだろう。長期化、体調、失業、生活不安、支援不足、悩み苦しみ、憂鬱など、生活に対する不安や長期化への心配は重要な要因だろう。個人が有する、移動・消費に必要な金銭、時間的余裕、駅や繁華街に出かける移動のツール（車・自転車他）、マスク、情報などお金や時間的な余裕、友人や関係者とのつながりも重要な要因になる。年齢別、性別で、また減少局面と回復局面でメカニズムが異なる可能性もあるだろう。まだ記述・分析は始まったところであるが、ビッグデータによってこのような分散した個人的運動行為もある程度とらえられるようになるだろう。

終章

成果と課題

以上、本書では、「社会運動は何を行うのか」という問いに対して、ＷｅｂＧＩＳとビッグデータを用いて、国内外の運動行為の展開・配置・変動とその環境を記述・比較分析することによって答えようとしてきた。各章の内容をここでまとめておきたい。

第1章では、まずデモ行進の記述方法論を定めた上で、シアトルＷＴＯとピッツバーグＧ20におけるデモ行進の展開と環境を記述し、合流・方向という特徴を見出すとともに、そのありように物理的な環境が作用することを示した。第2章では、コペンハーゲンＣＯＰ15をめぐる運動行為とスペースを描き、二つのデモ行進を比較することで拡散という特徴を見出し、また社会的環境が拡散のありように作用することを示した。

第3章では、まず北海道洞爺湖Ｇ8サミット時の札幌における運動行為を幅広く描き、各スペースの存在と関連付けた。その上で九州・沖縄Ｇ8サミット時と比較することで運動行為の密集という特徴を見出し、すみわけや敵手の存在が密集を可能にしていることを示唆した。第4章では、ラクイラＧ8サミット時のローマにおける運動行為と社会センター等を記述し、ジェノヴァＧ8サミット時と比較することで、運動行為の分散という特徴を見出し、ピッツバーグＧ20時と比較することで社会センター含む社会的環境の変化がその背景にあることを示した。

第5章では、ビッグデータを用いた集会記述の方法論を定めた上で、二つの反安保法制抗議集会について詳細に記述することで、全体・性別・年代別の変動を明らかにし、そこに空間的・時間的要因が関与していることを示した。第6章では、二つのメーデー中央大会について記述し、比較することで、制度的要素と組織戦略の関係について考察した。補論では、緊急事態宣言下の外出行動を運動行為ととらえ、そのメカニズムについて論じた。

以上の整理をふまえて、運動行為論の構築に資する本書の成果を、三点にまとめておきたい。

第一に、運動行為記述の具体的な方法論を示し、かつそれを実践したことである。本書で記述したのはシアトルWTO、北海道洞爺湖G8サミット、九州・沖縄G8サミット、ラクイラG8サミット、ジェノヴァG8サミット、ピッツバーグG20、コペンハーゲンCOP15をめぐる運動行為およびメーデー中央大会、反安保法制抗議集会である（緊急事態宣言下の外出行動にもふれた）。配置と展開を空間上に描き、タイムラインやビッグデータを用いてその変化を描く方法は、さまざまな事例にも適用可能である。特にビッグデータのこのような活用は今まで試みられておらず、エリアや差分日の選択なども含めた方法論を具体的に示したことは今後、同じようなデータで運動行為研究を行おうとする場合に有効だろう。もちろん、各事例の運動行為全体を描けているわけではないし、物理的環境と社会的環境の全体も描けていない。今後、テクノロジーの発展も見据えつつ、より多くの事例でさらに多角的な記述を積み重ねていく必要がある。ロビー活動や屋内集会、署名活動などの運動行為をどう描くのかも今後の課題である。

第二に、デモ行進の合流・方向、拡散、また集会の全体・ピーク、内部構成（性別や年代）、そして運動行為全体の空間的な密集／分散などの特徴を見出したことである。もちろん他の特徴も存在するはずだが、重要な一歩だといえる。その上で、これらの特徴は序章で紹介した歴史的行為論における「闘争」の要素（①誰の名、②組織化、③敵手との対立、④社会全体をめぐる争点）と、〈遂行的な次元〉で対応していることに注目したい。[*65] 歴史的行為論からみれば、たとえばシアトルWTOやG8・G20への抗議行動（第1〜4章）は、〈誰の名〉かも〈組織化〉もあいまいであるが（いくつかの組織が柔らかく連携をとる程度）、敵手（各国首脳の集まる国際会議）とその争点（世界全体）は明確であり、「理念の運動」か「世論の運動」と解釈できるだろう。

また、反安保法制抗議集会（第5章）では、敵手は明確に当時の政権与党・首相であり、争点は安保法制を超えて民主主義や立憲主義のありよう、国家のありようにもなっていたといえる。各集会の主催は明確だが、全国から人が集まっており（主催団体の構成員は抗議者の一部でしかない）、全体が組織化されているとはとても言えない。それゆえ「理念の運動」という解釈になるだろう。

メーデー中央大会（第6章）は、「労働者」というアイデンティティを核に明確に組織化されたものであるが、集会やデモ行進が〈敵手〉（政権与党・経営者・資本家？）に直接向けてなされるわけではなく、遂行的なレベルでは反安全保障法制の抗議集会ほど明確とは言えない。〈争点〉は平和問題や政権交代も含まれているとはいえ、中心は労働政策（政治・制度レベル）ということになるだろう。それゆえ敵手を欠く「文化運動」か、争点が制度レベルの「圧力団体」という解釈になる。

このような遂行的な歴史的行為論的解釈はまだ新しい試みであり、個々の運動事例の本格的な意義解釈にはまた別の機会に取り組むことにしたい。もし運動行為が〈遂行的〉に自らや敵手、組織化、争点を示しているとすれば、参加者の企図に焦点を合わせてきた歴史的行為論も大きく変わることになる。

第三に、運動行為の配置・展開・変動および各特性のありように物理的・社会的環境が影響を与えている可能性を示したことである。[*66]

運動行為の外形を構成するのは「組織」ではなく、具体的な個人であり、偶然入ってきた人も野次馬もテーマに関心のない人も運動に反対の人も暇つぶしの人もその場に存在する。従来、社会運動の説明においては、運動のメカニズムを社会運動組織の戦略的な意図から説明する動員論が主流になっているが、主催者・団体がコントロールできる範囲はごく一部であり、予期していないようなさまざまなアクシデントやトラブルが起こり、警察の対応や当該地域の住民、メディアの反応などの社会的な環境も運動行為の展開に影響を与える。それゆえに行為者個々人の感情・バイアス・慣習、そして敵手の存在、警察の介入、時間、広場、法律、使用許可、隔離地・大都市の状況、運動が利用可能な常設・臨時スペース、地域社会やメディアの社会的な受容などの物理的・社会的環境を重視した説明モデルが必要になる。

特に注目したのは、敵手の存在である。運動行為の展開は、サミットやＷＴＯなどの敵手に大きく左右される（濱西 2016）。運動行為は電話やインターネット上でなされるのではなく、実際に首脳たちが一定期間、限られた空間に集まって実施されるのであり、それゆえ抗議者も開催地・期間に集まり、その物理的・社会的環境に必ず影響を受けることになる。たとえば山や海、川の配置などの自然環境、行政機関や議会、裁判所、弁護士事務所や大企業本社の位置、運動側が利用できる広場や施設の位置、そして電車や道路の交通網などの物理的環境に、またその国の法律や地域の条例、警察・機動隊の展開状況、聴衆や地域住民の反応、地元メディアの反応等の社会的環境に影響を受ける。また運動行為の展開と同時進行する議会等の様子に、現地メディア報道やＳＮＳの状況に、さらにデモや集会の場の天候・気候、時間帯、た

表8　本書で記述した運動行為とその環境

（◎：ある程度の記述　○：最低限の記述　－：該当なし　グレー：未記述）

	運動行為								環境				
運動行為と環境	デモ行進			集会（屋外・大規模）			行為全体		物理的環境		社会的環境		
質的特徴と環境	記述	合流／拡散	方向	記述	内部構成	制度的要素	記述	分散／密集	自然環境	人工物	社会センター等	地域の受容、報道	警察の介入
1999年WTO閣僚会議：シアトル市街	○	◎	◎				中心的デモのみ		○	○			○
2009年G 20サミット：ピッツバーグ市街	○	◎	◎				2つのデモのみ		○	○		◎	◎
2009年国連COP15：コペンハーゲン市街	◎	◎	◎	○			◎	◎	○	○	◎	○	◎
2008年G 8サミット：札幌市街	○	○	○	○			◎	◎	○	○	○		
2000年G 8サミット：那覇・名護市街	◎	○	○	○			◎	◎	○	○			
2009年G 8サミット：ローマ市街	◎	○	○	○			◎	◎	○	○	◎	○	◎
2001年G 8サミット：ジェノヴァ市街	◎	○	○	○			デモのみ	◎	○	○	○	○	○
2015年反安保法制抗議集会：国会・官邸近隣	—	—	—	◎	◎		◎	—	○	○		◎	
2015年メーデー中央大会：代々木公園				◎	◎	◎	集会のみ	—	○	○			
2020年宣言下の外出行動：関東圏の一部中心駅近隣	—	—	—	—	—	—	○					○	

とえば日中か日暮れか、朝か夜か、暑いか寒いか、雨天か晴天かなどに大きく左右されるのである。そして、その時間・空間を定めるのは敵手であり、運動行為の展開は、運動行為者や運動組織の戦略にかかわらず、まず敵手側によって根本的に制限されるのである。

本書ではまだ少数の事例記述と比較、要因の考察を進めただけであり、あくまでも非常に暫定的な影響関係のイメージしか把握できていないが、**表8**にまとめておきたい。

以上、本書の成果と課題について整理してきたが、今後も事例記述の積み重ねと比較検討が必要不可欠である。そのために国内外の研究者（社会学者、政治学者や歴史学者、政治地理学者、人類学者だけでなく、建築学や都市計画論、情報学ほかの自然科学系研究者）と連携しつつ、世界各地の、また歴史的な事例について、データを収集し、アーカイブ化し、記述を進めていきたい。

あとがき

本書は、筆者が二〇一八年から進めてきた新しい研究プログラムの、現在までの成果をまとめたものである。理論的には前著（濱西 2016）の延長上にある。

運動行為は世界中で数多くなされ、社会に大きな影響を与えてきたが、運動行為そのものの研究は国内外問わずほとんど進んでいない。その課題に最新のテクノロジーを用いて向き合おうとするのが本研究プログラムである。これから国内外で共同研究を実施していく前に、筆者単独での研究成果を一度まとめておく必要があると考え、執筆したのが本書である。

本書の土台にあるのは、二〇一〇年から八年間続けた国際社会学会（ＩＳＡ）社会運動部会（ＲＣ47）の理事としての経験である。トゥレーヌ理論を共有する若手研究者とともに国際的なジャーナルをつくり、共同研究やシンポジウムも開催してきたが、そこで実感したのは、「日本」の社会学者の業績が世界的にほぼ知られておらず、せいぜいアジアの事例研究・エリアスタディとして引用される程度でしかないということ、世界に広く影響を与え引用・継承されていく研究とは、世界中の人々にとってわかりやすいオリジナリティをもつものでなければいけない、ということであった。

では、そのようなオリジナリティを有する研究とはどういったものか。社会運動研究の分野においては、たとえば資源動員論の登場がそれにあたるといえるだろう。そのつぎはどうか。本書はその一つの試みである。人々がいっせいに広場や路上に集まって、抗議・賛意を示すようなデモ行進や集会は世界中でなされてきたし、先進諸国では毎週のように実施されている。誰にとってもわかりやすい対象だが、そこには未知の領域が大きく広がっているのである。

本書執筆時に一部準拠した論文・書籍は以下のとおりである。

〈序章〉

濱西栄司　二〇二〇「なぜこういうことをしているのか——世界各地の抗議行動から」濱西栄司・鈴木彩加・中根多恵・青木聡子・小杉亮子『問いからはじめる社会運動論』有斐閣、一七八—二一三頁

濱西栄司　二〇一八「社会運動研究と環境社会学——解釈的／説明的環境運動研究の課題」『環境社会学研究』二四、七四—八八頁

濱西栄司　二〇一七「構築主義と社会運動論——相互影響関係と回収可能性」『社会学評論』六八（一）、五五—六九頁

濱西栄司　二〇一六「複数の時間とアンビバレンス――タッボーニ／トゥレーヌによる行為論的時間論」『社会学史研究』三八、四一―五九頁

濱西栄司　二〇一六『トゥレーヌ社会学と新しい社会運動理論』新泉社

〈第1章〉

濱西栄司　二〇一八「政治的デモンストレーションの展開とその環境――一九九九年シアトルWTOと二〇〇九年ピッツバーグG20を事例に」『フォーラム現代社会学』一七、五―一八頁

〈第2章〉

濱西栄司　二〇二一「都市抗議の日常化と記述――二〇〇九年コペンハーゲンCOP15を事例に」松田素二ほか編『日常的実践の社会人間学――都市・抵抗・共同性』山城印刷株式会社出版部、三九―五一頁

濱西栄司　二〇一六『トゥレーヌ社会学と新しい社会運動理論』新泉社

〈第3章〉

濱西栄司　二〇一六『トゥレーヌ社会学と新しい社会運動理論』新泉社

〈第4章〉

濱西栄司　二〇一一「自律スペースの現在と〈調整〉――国際サミット時のローマ・コペンハーゲンと日本」『インパクション』一七八、二二一―三三頁

濱西栄司　二〇一六『トゥレーヌ社会学と新しい社会運動理論』新泉社
〈第5章〉
濱西栄司　二〇二二「運動行為のビッグデータ記述――二〇一五年反安全保障法制抗議集会を通して」『現代社会学理論研究』一六、四五―五六頁

また本書のもととなる研究は、基盤研究©JP22K01871「運動行為論の展開：ＧＰＳ・ＳＮＳビッグデータを用いたリアル／オンライン分析統合」(2022/04～2025/03)、基盤研究©JP19K02093「運動行為論の構築：ＷｅｂＧＩＳ・ビッグデータを用いた運動研究の刷新」(2019/04～2022/03) によって支えられている。

最後に本書の執筆にあたってお世話になった方々にここで謝意をお伝えしたい。まずノートルダム清心女子大学大学院の濱西研究室のみなさん、特に労組関係のビッグデータ整理に協力いただいた林絵里奈さんに感謝の念をお伝えしたい。「社会運動論」を受講くださった関西学院大学の学生のみなさんにも大いに刺激をいただいた。また、株式会社ドコモ・インサイトマーケティング社の方々にはモバイル空間統計についてさまざまな質問と相談に答えていただいた。感謝申し上げたい。またこの間、筆者の研究に関心をもってくださったドナテラ・デッラ・ポルタ教授、ケビン・マクドナルド教授、友人のエマニュエル・トスカーノ、

ジェフリー・プレイヤーにも謝意を伝えたい。なお本書執筆中の二〇二三年九月六日に、アラン・トゥレーヌ教授が亡くなられた。謹んでご冥福をお祈りしたい。

二〇二四年九月

濱西栄司

注

＊1　社会運動とは何か、についてはさまざまな議論があるが、学術的には〈社会を変えようとする集合的な活動〉というのが最低限の定義だといえる。社会運動にはさまざまなレベルの、幅広い活動が含まれる。担い手もさまざまでありえるし、社会の何を変えるのかも多様であってよい。実際に変えられるかどうか、変える方向が革新的か保守的かも問われない。組織の形態もいろいろであり、たんなる集団や群衆の形をとる場合もある。もちろんなんでもありではなく、社会にただ適応しようとする慣習的な活動や、社会のルールからただ外れること、ルールをかいくぐることを目的にしているような逸脱的な活動は含まれないかもしれない。ただし一見して適応や逸脱のようにみえる活動であっても、そこに社会を変えようという意図が含まれているのであれば、その部分を社会運動とみなすことはできる。また外からは群衆や個人のバラバラな行動にみえても、たとえば緊急事態宣言下での外出行動（補論参照）のように、社会のルールを意図的に超えようとする人々のふるまいを社会運動ととらえることも不可能ではない。

＊2　社会運動に参加する人々が語る主張（不満や思い、意図や狙い）はインタビュー調査やアンケート調査、当事者自身の記録（手紙や日記、ＳＮＳ）などによってとらえられてきた。また社会運動を生み出し運営するなんらかの組織の戦略や資源は、組織の予算や決算、定款や議事要旨、ニューズレター、また組織の代表やメンバーへのインタビュー調査を通して把握されてきたといえるだろう。

＊3　現場での拡声器を使った演説や、デモ行進や集会における組織立った振る舞いなども運動行為であり、社会を変えようとする活動そのものだといえる。ただ現代の運動においては、そういった個々人の主張や一部の組織的な振る舞いが、運動全体とはますます一致しなくなっている。

＊4　政治家等へのロビー活動（情報提供や献金、陳情など）やクローズドの屋内集会、地域の寄り合いでの説得活動、業界団体の会合での支援先をめぐる議論なども膨大になされているが、ほとんど報道されないし、調査協力もほぼ拒絶され

る。それらは大規模なデモ行進や抗議集会とはまた別の理由で記述が難しく、研究もほとんどなされていない。

＊5　この点は現代日本では実感されにくいかもしれない。山本（2011）によれば、最近五年間で合法的なデモを行ったことがあると回答した人の割合はフランスでは二〇・六%、アメリカでは一〇・六%、韓国では一一・一%であるのに対して、日本ではわずか二・八%だからである。

＊6　「社会的抗議が散発的なものから絶えざる要素」になり、「より多様な支持者によってより頻繁に採用される」ようになる状況を指す「運動社会」（Meyer 2013）という概念も登場しているほどである。

＊7　もちろん、本書第6章で取り上げる連合や全労連のメーデー中央大会のように、十分な組織化の上で運動行為を実施する例もある。なお日本における集会・デモ行進の情報は、「日本全国デモ情報」（http://maga9.jp/demoinfo/［最終閲覧2017/9/26］）、「ＩＷＪ全国デモ・抗議行動情報」（http://iwj.co.jp/feature/demo/［最終閲覧2017/9/26］）、「レイバーネットイベントカレンダー」（http://www.labornetjp.org/EventItem［最終閲覧2017/9/26］）などを参照。

＊8　この二つの区別は、社会学、政治学、国際関係論、人類学等による膨大な数の社会運動研究を、その研究課題を中心に検討して得られた帰納的な区別である（濱西 2016）。もともとの発想は科学方法論から得ているが（濱西 2008）、その後、日英仏独伊語圏の運動を対象とする諸研究（社会問題研究やマイノリティ研究のなかの運動分析も含め）を網羅的に検討し、それら全体をもっとも包括的・適切に区分し整理するための枠組みとして筆者が帰納的に導き出したものである。ちなみに文学や歴史学などの人文諸科学において意味や意義の解釈は中心的な課題であり、たとえば文学ではある小説の著者にとっての意味が探求され、歴史学ではある事件の歴史的な意義が分析される。反対に自然科学では、因果関係（原因と結果の関係）の説明こそが研究課題であり、たとえば天文学や生物学は太陽の動きや細胞分裂の仕組み、原因を説明しようとしている。では、社会学をはじめとする社会科学はどうかというと、意義・意味の研究も因果関係の研究もどちらも行う。たとえば社会学において少子化のメカニズムを説明することは重要であるが、同時にその少子化が現代社会や個々の家族に、いかなる意義や意味をもつのかを解釈することも重要である。社会運動論においても、運動のもつ意義や意味の解釈と、運動の盛衰のメカニズムの説明はどちらも重要な研究課題だといえる（濱西ほか 2020）。

＊9　たとえば、M・ウォルツァーは民主主義における「討議以外の諸活動」として、「政治教育」「組織形成」「動員」「デモンストレーション」「声明」「論争」「取引」「ロビイ活動」「投票」「資金集め」「腐敗」「雑用」「支配」をあげ、「民主的な政治がそれらを含むのが正当であり、おそらくは必然的である」と評価している（Walzer 2004 = 2006: 151-170）。ただし、ウォルツァーがそれらの活動を本書のように詳細に記述することはない。また、近年、J・バトラーも「集会」（アセンブリ）のパフォーマティブ（遂行的）な意義を指摘し、さまざまなものがありうることに触れている。ただし事例の記述・比較分析は「社会史や法制史の専門家」の仕事とみなし、みずからが行うわけではない（Butler 2015=2018: 17-18）。ハートとネグリもアセンブリには注目しているが、やはりいろいろな例に触れるだけで、一つひとつを詳細に記述・分析することはない（Hardt and Negri 2017=2022: 12）。

＊10　トゥレーヌ理論の詳細については濱西（2016: 24-57, 59-77）を参照。

＊11　その初期には工場労働の社会史的研究（Touraine 1955）を行い、参与観察や史資料分析にも取り組んでいたトゥレーヌであるから、運動行為の外形やその環境についての記述・分析の重要性は理解していたはずである。だがその後のトゥレーヌは大規模な労働者意識調査（Touraine 1966）を主導するなかで、実際の行為よりも集合的な投企（意図・企図）を分析するという。彼曰く「社会学的」なアプローチへと移行していくことになる。一九七〇年代に考案された有名な「社会学的介入」もまた集合的な投企を分析する手法である点は変わらない（Touraine 1978）。彼の後継者も基本的にはそうであり、語りを分析することが中心で運動行為そのものを記述したり分析したりすることはほぼなかった。例外的に近年の運動行為中心的事例の解釈的研究（McDonald 2006; 濱西 2016: 172, 196-203）は存在するが、運動行為の記述自体はごくわずかで断片的なものにとどまる。

＊12　トゥレーヌは、一九七〇―八〇年代に学生運動や反原子力運動、地域言語文化運動、労働運動、女性運動などに対して、「社会運動」の水準の要素を有するかどうかを確かめるために、当事者だけの議論、敵手を招いての議論、研究者との議論からなる特殊な社会学的介入法を用いた調査を実施した。結論は、反原子力運動の一部に「社会運動」の要素はうかがえたが、多くは「闘争」でもなく文化運動のレベルにとどまるものであったという（濱西 2016: 68-70）。

＊13　トゥレーヌにおいて歴史的行為、「闘争」や「社会運動」といった概念は、いずれも当事者の意図・企図と結びついて

いるが、単純に当事者の語りだけで分析するわけではない。特に七〇年代に開発された社会学的介入は、集合的な対立の場を実験的に再現することで、普段の当事者の意識・語り、当事者だけでの集合的な企図・語りとは異なる次元の対立関係を見出すことを目的とした手法であり、トゥレーヌ自身は、何が自分たちの敵手なのかに関する個人的・集合的な企図と、その運動が実際にどのような敵手と闘うのかということが同じではないということはよく理解していたに違いない。もともと彼は運動だけでなく敵手も歴史的行為者としてとらえる行為主義の立場をとっており（Touraine 1965; 濱西 2013, 2016）、運動と敵手の対立関係を当事者の意識に還元せずかなり客観的・実在的にとらえていた。トゥレーヌは一九九〇年代以降、グローバル化とその反作用（排外主義など）によって「社会」が解体し、対立の場自体が失われている（それゆえむしろ文化運動が重要になっている）と主張しているが（Touraine 1992, 2013）、筆者は、前著（濱西 2016）において、現代においても行為主義の立場から意図的に敵手を見出そうとすることの重要性を指摘した。本書では、そのための具体的な作業の一つ（運動行為を記述することで遂行的に敵手を見出す）を例示している。

＊14 基本的には五〇〇平方メートル、都市部では二五〇平方メートル、一部で五〇平方メートルの範囲で、集合現象の参加者を推計することができる。他のスマホビッグデータにくらべてサンプル数が圧倒的であること（七六〇〇万台[二〇二〇年現在]）、手続きを基本的に公開していること、研究論文への応用実績があることが特徴的である。行政にもRESASとして提供されており、コロナ禍において各駅の人口増減把握に活用されるなど信頼性も高いものである。

＊15 そのリスク・課題については濱西（2020b）で論じている。

＊16 P・マクファイルによれば、政治的デモンストレーションは、「行進」(march)、「集会」(rally)、「祈り」(vigil)、「ピケ」(picketing)、「市民的不服従」(civil disobedience) の五つに分けられる (McPhail 1991: 177-181)。「行進」は二名以上の隣り合う人々が同じ速さで同方向へ移動するもの、「集会」は大多数の参加者が一人以上の話し手のまわりに座るか立つかして弧や輪になるものとそれぞれ定義されており、本書でもこの定義を参考にしている。ちなみにマクファイルは運動とスポーツイベントを区別せず、伝播や高揚感など心理学的な説明に終始している。

＊17 近年、参加者によって抗議の詳細な時系列展開が「タイムライン」としてSNS上などに記録・公開されるようになっている。何時何分にどこからどこへ向けて、どの道路を通ってデモが進んでいるか、どのようなトラブルや対決があっ

たのかなどが記されており、自分がその場にいなくても、運動行為の展開をある程度とらえることができるようになっている。

＊18 ほかにも隊列の長さや移動距離、抗議のバナー（横断幕）やコールの様態、参加者の服装や持ち物などに関する形態学的な記述は可能であるが、本章では紙幅の関係で行えていない。

＊19 距離ではなく位置・関係性に注目する学問として近年、政治地理学などで導入が進む位相幾何学（トポロジー）は、「空間」を「空間が固定された状態にある時に空間を特徴づける、点と点の間の距離」ではなく、「ひずみ・変容（曲げ、伸ばし、絞り）の過程においても空間が維持する諸特徴」によって定義し、「諸表面とその特性、その境界、その方向づけ可能性、その分解、その接続性」を分析しようとするものである（Secor 2013: 431）。本章が焦点を当てる合流・方向も位相幾何学「的」な特徴とはいえる。ただし純粋な位相幾何学が、相互作用に影響を及ぼすはずの「距離」を扱わない以上、本章での〈対象と環境の相互作用〉の考察とは両立しがたい。

＊20 〈対象と環境〉の関係は、デモ行進とその環境の関係だけでなく、参加者個々人とデモ行進自体の関係にも当てはまる――本章では紙幅の関係で前者に焦点をしぼる。脱近代化する現代においては個人の闘いこそが重要で、闘う個人の共在の場としてデモ行進を含む集合的な場が位置づけなおされるという見方（Touraine 1992; McDonald 2006; 濱西 2016）をふまえれば、参加者とデモ行進の関係にも焦点を当てる必要があるだろう。なおデモ行進が環境に作用する側面（道路封鎖、警察の防衛線、報道やＳＮＳ、国家や地方自治体の対応の変化）については、本章では紙幅の関係で焦点を当てることができない。

＊21 本章では紙幅の関係上、物理的な環境に議論を限定し、デモルート近辺の住民や他のデモ行進、警察の防衛線および条例や法律などの社会的な環境については第2章で触れることになる。

＊22 抗議とその環境の関係性への注目は、生物とその環境の関係性を分析する「生態学」に着想を得ているが、抗議行動それ自体をモノのように記述し、物質的環境を説明要因として組み入れる点などは、アクターネットワーク理論や新実在論からもヒントを得ている。その上で、〈対象と環境〉の関係は、抗議行動とその環境の関係だけでなく、抗議行動に参加する個人と抗議行動自体の関係性にも当てはまる。本章で抗議行動を構成する集団と個人の関係に焦点を当てる理

由の一つもそこにある。

＊23　ウェブサイト（https://depts.washington.edu/wtohist/［最終閲覧2017/9/26］）より。

＊24　ウェブサイト（http://community.seattletimes.nwsource.com/archive/?date=19991128&slug=2998054［最終閲覧2017/9/26：ただし現在、同ウェブサイトは削除されている］）より。

＊25　濱西（2018：12）では一一月二九日のデモ開始時点である第一合同メソジスト教会の位置を誤って図示してしまっている。ここで訂正させていただきたい。なお解釈には特に影響はなく結論等にも変更はない。

＊26　なお、ピッツバーグG20時のスペースと地域社会の対応状況については本書第4章で詳細に描いている。

＊27　ロビー活動、署名活動、裁判活動、屋内集会等のアクションについても、具体的展開を精緻に検討することで、組織戦略に回収されない側面を見出すことはできるだろう。

＊28　「クリスチャニア」は、コペンハーゲンの郊外、クリスチャンハウンの一角（東京ドーム一〇個分以上）、運河の両側に広がる欧州最大規模のアナキスト・コミュニティである。クリスチャニアはもともとデンマーク海軍の兵舎・倉庫跡地（一九六〇年代後半に廃棄）を一九七一年に若者たちが占拠したのが始まりである。内部には、マーケット、映画館、ジャズクラブ、ラジオ局、テレビ局、工場、自転車屋、レストラン、カフェ、バーがある。全体では千人ほどが暮らし、看護師、福祉関係者、アーティスト、ミュージシャン、デザイナーなどがエリア外で働いている。ここで生まれて大きくなった人も六〇〇人以上おり、現在も子どもが二〇〇人ほどいるという。運営は各委員会での徹底的な話し合いで決まるという。近年、麻薬と売春が問題となり警察による捜索が頻繁になされている（コペンハーゲン大学のローズガード教授への聞き取りより）。

＊29　もともと一九七一年に若者たちがクリスチャニアを占拠した際には、市議会の二議員が支援を表明し、正式に、新しい自治の実験として三年間の使用が認められた。しかし返還時期がきても返還せず、警察との間で衝突が起こり、さらに一九八〇年代に厳しい弾圧が行われた。その後、九〇年代以降は、クリスチャニア、政府司法省、防衛省、警察機構、クリスチャンハウン地元住民、アムネスティ・インターナショナル、メディア、法律家との話し合いが開始される。建築物の改築や麻薬捜査を受け入れるなど柔軟な対応もしてきた。一九九一年には政府と「枠組み協定」を結び、

一九九二年から一人七〇〇クローネ（一万円強）を賃料として政府に支払っている（現在は一五〇〇クローネ）。武器を持ち込ませない、ハードドラッグ禁止、バイカーギャングを入れない、車を入れない（路上駐車が過去問題となった）、これ以上人を増やさない、といったルールを策定しており、それらを記した看板がクリスチャニアのあちこちに建てられていた（筆者のフィールドノートより）。

＊30 筆者のフィールドノートおよびウェブサイト「Action Map for COP15」（https://www.google.com/maps/d/u/0/viewer?mid=1kJCNpvHG_InCoNic0En2xNEUzEQ&ie=UTF8&hl=en&msa=0&ll=55.67063627389954%2C12.58398130688477&spn=0.092643%2C0.220757&z=13［最終閲覧2023/9/30］）を参照して作成。

＊31 インディメディア・デンマークのウェブサイトより（http://indymedia.dk/articles/1510［最終閲覧2009/12/12：ただし現在、同ウェブサイトは削除されている］）。なおタイムラインは、運動行為の過程でその現場にいる者たちによってリアルタイムに作成されてオンライン上に掲載される短文のリストであり、文章の時制には現在進行形や現在形、過去形が混ざっている。

＊32 ニューヨークタイムズ紙によればデモ行進参加者は全部で六〜一〇万人で、被拘禁者は九五〇人である（https://www.nytimes.com/2009/12/13/science/earth/13climate.html［最終閲覧2023/9/30］）。

＊33 二〇一六年伊勢志摩サミットおよび二〇二三年広島サミットにおける運動行為は、ＮＧＯとＮＰＯによるフォーラムと少しのデモ行進だけであり、洞爺湖サミットは一つのピークを形成したといえる。

＊34 ウェブサイト（http://kitay-hokkaido.net/modules/alternative/index.php?content_id=1#0［最終閲覧2023/9/30：ただし現在、同ウェブサイトは削除されている］）より。

＊35 キャンプ実行委員会は、「Ｇ８サミット開催時期の前後に、Ｇ８サミットへの提言活動をするために国内外から札幌市を訪れる訪問者を対象として、札幌市と協働して情報提供施設と宿泊施設を設置すること」を目指し、二〇〇八年五月一九日に結成された（国際交流インフォセンター／キャンプ札幌実行委員会編 2008）。

＊36 ウェブサイト（http://kitay-hokkaido.net/modules/event/［最終閲覧2023/9/30：ただし現在、同ウェブサイトは削除されている］）より。

*37 この点についての詳細な分析は濱西（2016）を参照。

*38 シェンゲン協定とは、締結国域内で国境検査なしで国境を越えることなどを許可するものである。

*39 各社会センターの背景・目的・活動は多様である（Dines 1999; 濱西 2011）。

*40 イタリアの社会学者E・トスカーノへの聞き取りおよびdella Porta et al（2006）より。

*41 七月九日、アンコナでは「国境なき行動日」と称するデモ行進が実施され、サルモナでも水の民営化に反対する抗議行動がなされた（メーリングリストより）。

*42 「レッドゾーン」とは、居住者と許可された者以外の立ち入りを禁止するエリアのことである。

*43 なお七月七日にはラクイラでも「社会再建フォーラム」が開催され、サミット開催地周囲のレッドゾーン近くで五名が逮捕されている。また同日、ペスカーラでは、移民との連帯デモがなされ、サルディーニャでも「Ｇ８に対するフォーラム」が開催された。パレルモやボローニャなどでも大学占拠が行われている（メーリングリストより）。

*44 なおレッドゾーンの周囲には、デモや集会などが禁止される制限区域であるイエローゾーンが設定された。

*45 ウェブサイト（https://processig8.net/GSF/manif-eng.htm［最終閲覧2023/9/30］）より。

*46 ウェブサイト（https://processig8.net/GSF/faq-eng.htm［最終閲覧2023/9/30］）より。

*47 前述のトスカーノへの聞き取りより。

*48 「人々の声」（9/23-24）や「人々のサミット」（9/19, 9/21-22）、「平和・正義・エンパワメント国際サミット」（9/22-23）などの対抗的なフォーラムなど。

*49 反安保法制抗議集会に関する先行研究（富永 2016; 樋口・松谷編 2020）は運動行為の記述をほぼ行っていない。

*50 モバイル空間統計データは、行政も、祭り等の来場者把握や災害時の避難状況把握に活用しており、一部はＲＥＳＡＳ（地域経済分析システム）などで公開されている（https://resas.go.jp/［最終閲覧2021/12/25］）。

*51 なお一部の抗議集会が実施された日比谷公園エリアがメッシュ範囲外にあるため、実際よりも抗議者数が少なく出る可能性はある。

*52 「戦争させない・９条壊すな！ 総がかり行動実行委員会」ＨＰ（http://sogakari.com/?p=508［最終閲覧2021/12/25］）

参照。

＊53 モバイル空間統計では利用者の契約地域に関する推計データも取得可能で、実際に全国から国会前に人々が集まっていることも明らかになっている（未発表）。

＊54 七月一五日夜の現場報道と抗議行動の延長との関係性など、メディアが抗議行動にいかに作用したのかについては今後検討が必要であろう（メディア研究部番組研究グループ「安保法案報道」分析チーム 2016）。

＊55 ウェブサイト（https://2015ss.girls-award.com/pc/index.php［最終閲覧 2023/9/30］）によれば、「GirlsAward 2015 SPRING/SUMMER」が二〇一五年四月二九日（水・祝）の一四〜二一時（開場一三時）に代々木競技場第一体育館で開催された。予定参加者数は「約32,000人（延べ人数）」。

＊56 五月六日に代々木体育館では二四〇〇〇人ほどが集まる音楽イベントが行われていた（https://prtimes.jp/main/html/rd/p/000002749.000001355.html［最終閲覧 2023/9/30］）。

＊57 東京地公労メーデー実行委員会主催のメーデー前段集会が、二〇一五年四月二九日（水）午前九時から九時半過ぎまで千駄ヶ谷区民会館で実施され、その後、九時四〇分からデモ行進が、一〇時一〇分代々木公園着予定で実施されたという（https://tokyokyouso.org/info/%EF%BC%98%EF%BC%96%E5%9B%9E%E3%83%A1%E3%83%BC%E3%83%87%E3%83%BC［最終閲覧 2023/9/30］）。

＊58 「メーデー宣言」には、春闘での「底上げ・底支え」「格差是正」の実現や労働者保護ルールの改正の阻止、一〇〇〇万連合の実現や平和への誓いなどが含まれたという（https://www.jil.go.jp/kokunai/topics/mm/20150424a.html［最終閲覧 2023/9/25］）。

＊59 ウェブサイト（https://www.jeiu.or.jp/news/topic/2015/05000504.html［最終閲覧 2023/9/25：ただし現在、同ウェブサイトは削除されている］）によれば、「約四万人」が参加し、「主催者を代表して古賀連合会長、政府代表として塩崎厚生労働大臣、政党からは枝野幸男民主党幹事長のあいさつ」がなされ、また「多くの団体からの出店や、日本各地の物産展など様々なイベントが開催」されたという。

＊60 ウェブサイト（http://www.zenroren.gr.jp/jp/mayday2015/mayday2015.html［最終閲覧 2023/9/25］）によれば、五月一

日に全労連による第八六回「中央メーデー」が代々木公園B地区で実施された。九時開場の後、一〇時から一〇時四五分まで「文化行事（第一部）」が、続いて、一一時から「式典（第二部）」が開催され、「連帯・激励あいさつ、NPT代表団／シカゴからの報告、決意表明、メーデー宣言提案・採択など」がなされた。その後、「メーデー行進」が一二時二〇分から「三コース」に分けて実施されたという。

*61 ウェブサイト（https://iwj.co.jp/wj/open/archives/244265［最終閲覧2023/9/25］）によれば、全労連メーデーの参加者は「28,000人（主催者発表）」であり、「労働者派遣法や残業代ゼロ法案など、政府の労働法制見直しに反対する声のほか、今年は、改憲を含めた戦争法案の実現など、「戦争ができる国づくり」を目指す安倍政権への批判と抗議の声が目立った」という。

*62 ウェブサイト（https://www.mhlw.go.jp/toukei/itiran/roudou/roushi/kiso/15/index.html［最終閲覧2023/9/25］）より。日本全体で労働組合は約二万五〇〇〇組で、組合員数は約九八九万人（女性は三一二万人）とされる。推定組織率は一七・四パーセント（女性は一二・五パーセント）である。

*63 NHK特設サイト新型コロナウィルス「時系列ニュース」（https://www3.nhk.or.jp/news/special/coronavirus/chronology/［最終閲覧2021/9/26］）より作成（曜日の追記および傍線は引用者による）。

一月六日　中国 武漢で原因不明の肺炎 厚労省が注意喚起
一月一四日　WHO 新型コロナウィルスを確認
一月一六日　日本国内で初めて感染確認 武漢に渡航した中国籍の男性
一月三〇日　WHO「国際的な緊急事態」を宣言
二月三日　乗客の感染が確認されたクルーズ船 横浜港に入港
二月一三日　国内で初めて感染者死亡 神奈川県に住む八〇代女性
二月二七日　安倍首相 全国すべての小中高校に臨時休校要請の考え公表
三月九日　専門家会議「三条件重なり避けて」と呼びかけ
三月二四日　東京五輪・パラリンピック 一年程度延期に

三月二九日　志村けんさん死去 新型コロナウィルスによる肺炎で
四月七日（火）夜　七都府県に緊急事態宣言「人の接触 最低七割　極力八割削減を」
四月一一日　国内の感染者 一日人数として最多の七〇〇人超
四月一六日（木）夜　「緊急事態宣言」全国拡大　一三都道府県「特定警戒都道府県」
四月一八日　国内の感染者 一万人超える（クルーズ船除く）
五月四日夜　政府「緊急事態宣言」五月三一日まで延長
五月七日　国内の感染者 一日の人数が一〇〇人下回る
五月一四日夜　政府 緊急事態宣言 三九県で解除 八都道府県は継続
五月二〇日　夏の全国高校野球 戦後初の中止決定
五月二一日（木）夜　緊急事態宣言 関西は解除 首都圏と北海道は継続
五月二五日（月）夜 緊急事態の解除宣言 約一か月半ぶりに全国で解除
六月二日　初の「東京アラート」都民に警戒呼びかけ

*64 何かの制約がありながらそれを超えて人が外出する行動、とくに抗議の意図をもつ運動行為を説明するには、従来の主流アプローチ（動員論）をふまえれば、心理的不満、社会経済的資源、文化的フレーム、政治的機会が重要だということになるだろう。しかし、動員論は、社会運動組織の存在を前提としたモデルであり、そのような組織を想定できないとすれば、個々人の外出行動に当てはめるのは適切とは言えない。

*65 ①まず、集会地点やデモ行進開始点に人々が集まるときのその「内部構成」（性別・年代別）やデモ行進の「合流」のありようは、その運動行為が〈誰の名〉において実施されるのかを「遂行的」に表現するだろう。内部構成とは集会に集まる人々の性別や年代別のバランスであり、それが誰による運動行為なのかを聞かずとも明らかにしてくれる。また異なる二つ以上のデモ行進が混ざり合うことは「誰による」デモ行進なのかを自動的に示すことになる。②また、集会が「制度的要素」を組み込みつつ予定どおりに、またデモ行進が強制的な「拡散」なくゴールまで実施されていくとき、それはある程度〈組織化〉されていることを遂行的に示すといってよいかもしれない。③そして、デモ行進が敵手

の「方向」に向かっていくとき、また集会が敵手の前でなされるときには、運動行為がその〈敵手〉と対立関係にあるということを遂行的に表すだろう。④最後に、その対立が公的空間でなされるとき、また日本全体でなされるときには、その〈争点〉がすべての人に、社会全般に関わるものであることを遂行的に示しているといえるかもしれない。このような視座は、デモ行進や集会などの運動行為のありように、誰の名、敵手、組織性、争点を見出していく点で、歴史的行為論を遂行的な次元に拡張していくものでもある。語りにおいてはあいまいであっても、運動行為そのものに目を向けることで、遂行的に運動が敵手を有していることを示すことができる。個々の運動事例の意義を評価するには、すべての要素の有無を確認する必要があり、それはまた別の機会に取り組むことにしたい。

＊66 前著（濱西 2016）では「複合レジームモデル」を示した。それはまず福祉レジーム類型により紛争の争点を説明し、紛争の争点が共通する活動同士の差異を組織・動員論から説明し、最後に具体的な集合状況で表れる特徴、たとえば実際にどのような運動行為が展開されるかには物理的な環境の制約による密集と集合的経験の形成から説明した。前著とのつながりで言えば、本書ではこの最後の局面について、より詳細な検討を行ったことになる。

Rallies since the Nineteenth Century, Oxford: Oxford University Press, pp. 295-310.

Walzer, M., 2004, Politics and Passion: Toward a More Egalitarian Liberalism, New Haven: Yale University Press.（＝2006，齋藤純一・谷澤正嗣・和田泰一訳『政治と情念――より平等なリベラリズムへ』風行社.）

Wieviorka, M., 2005, "After New Social Movements," *Social Movements Studies*, 4(1):1-19.

山口道昭，2017，「ヘイトスピーチ規制条例の制定に向けて――罰則規定を中心に」『自治総研』467: 1-37.

山本英弘，2011，「日本人の社会運動観――なぜ日本人は社会運動に参加しないのか」野宮大志郎編『グローバル社会運動の発生と展開』(科学研究費補助金報告書), pp. 141-154.

Zhao, D., 2001, *The Power of Tiananmen: State-Society Relations and the 1989 Beijing Student Movement*, Chicago: University of Chicago Press.

置」『和光大学現代人間学部紀要』12: 133-150.

――――, 2020,「「選挙ヘイト」と警察対応――相模原市議会選挙の事例から」『和光大学現代人間学部紀要』13: 81-92.

谷口祐人, 2021,「社会運動は生成する――ANTの社会運動研究への応用の試み」『新社会学研究』6: 215-232.

寺田雅之・永田智大・小林基成, 2012,「モバイル空間統計における人口推計技術」『NTT DOCOMOテクニカル・ジャーナル』20(3): 11-16.

Tilly, C., 1978, *From Mobilization to Revolution,* NY: McGraw-Hill College.（＝1984, 堀江湛監訳,『政治変動論』芦書房.）

――――, 2000, "Spaces of Contention," *Mobilization: An International Journal Quarterly,* 5(2): 135-159.

――――, 2001, "Foreword," Zhao, D., *The Power of Tiananmen: State-Society Relations and the 1989 Beijing Student Movement,* Chicago: University of Chicago Press, pp. ix-xiii.

――――, 2003, "Contention over Space and Place," Mobilization: An International Quarterly, 8(2): 221-225.

富永京子, 2016,『社会運動のサブカルチャー化――G8サミット抗議行動の経験分析』せりか書房.

Toscano E. ed., 2019, R*esearching Far-Right Movements: Ethics, Methodologies, and Qualitative Inquiries,* NY: Routledge.

Touraine, A., 1955, L'*Évolution du travail ouvrier aux usines Renault,* Paris: CNRS.

――――, 1965, S*ociologie de l'action,* Paris: Seuil.

――――, 1966, *La conscience ouvrière,* Paris: Seuil.

――――, 1968, *Le Mouvement du Mai ou le communisme utopique,* Paris: Seuil.

――――, 1973, *Production de la société,* Paris: Seuil.

――――, 1978, *La voix et le regard,* Paris: Seuil.（＝2011, 梶田孝道訳『声とまなざし――社会運動の社会学』新泉社.）

――――, 1992, *Critique de la modernité,* Paris: Fayard.

――――, 2013, *La Fin des sociétés,* Paris: Seuil.

宇野由紀子, 2017,「1960年代における高校生の政治的活動の制限に関わる不当な支配――69年通知と都道府県通知に着目して」『日本教育行政学会年報』43: 121-137.

Virchow, F., 2007, "'Capturing the Streets': Marches as a Political Instrument of the Extreme Right in Contemporary Germany," Reiss, M. ed., *The Street as Stage: Protest Marches and Public*

泉社.
大尾侑子，2017，「「非人情な結束」としての「自費出版同盟」にみる〈社会運動〉構想——1920年代の雑誌『文党』のマニフェスト分析から」『年報社会学論集』30: 122-133.
岡田泰平，2011，「フィリピン学校ストライキ論——1930年のマニラ高校ストライキを中心に」『東南アジア——歴史と文化』40: 27-53.
岡島一郎・田中聡・寺田雅之・池田大造・永田智大，2012，「携帯電話ネットワークからの統計情報を活用した社会・産業の発展支援——モバイル空間統計の概要」『NTT DOCOMO テクニカル・ジャーナル』20(3): 6-10.
Peng, H., Budak, C. and D. M. Romero, 2019, "Event-Driven Analysis of Crowd Dynamics in the Black Lives Matter Online Social Movement," The World Wide Web Conference Proceedings, pp. 3137-3143.
Pleyers, G., 2010, *Alter-Globalization: Becoming Actors in the Global Age*, Cambridge: Polity Press.
レシュケ綾香，2023，「行政によるヘイトデモ規制——日本型の社会統制の一例として」『社会科学研究』74: 115-141.
李立峯，2021，『時代的行動者——反修例運動群像』牛津大學出版社（＝2023，ふるまいよしこ・大久保健訳，『時代の行動者たち——香港デモ2019』白水社.）
斉藤巧弥，2021，「〈自由な自己主張の場〉としてのセクシュアルマイノリティのパレード——集合的アイデンティティと経験運動の視点から」『新社会学研究』6: 194-214.
Salmenkari, T., 2009, "Geography of Protest: Places of Demonstration in Buenos Aires and Seoul, " *Urban Geography*, 30(3): 239-260.
佐藤千鶴子，2013，「南アフリカにおける農場労働者のストライキをめぐる一考察」『アフリカレポート』51: 36-54.
Secor, A., 2013, "2012 Urban Geography Plenary Lecture: Topological City," *Urban Geography*, 34(4): 430-444.
Smith, J., 2001, "Globalizing Resistance: the Battle of Seattle and the Future of Social *Movements,"* *Mobilization: An International Quarterly*, 6(1): 1-19.
園中曜子，2016，「トルコ共和国におけるヴィジュアル公共圏の展開——ゲズィ公園デモを中心に」『アジア・アフリカ地域研究』15(2): 167-207.
末木孝典，2021，「近現代日本の議会傍聴——帝国議会開設から現在まで」『年報政治学』72(1): 202-224.
鈴木彩加，2017，「「行動する保守」運動における参加者の相互行為とジェンダー——非-示威行動の場での参与観察調査から」『フォーラム現代社会学』16: 29-42.
瀧大知，2019，「ヘイトデモと警察対応——差別禁止法がない社会における「反差別」の立ち位市川紘司，2018，「五四運動と1920年代の大衆運動における天安門広場の使われ方に関する研究」『日本建築学会計画系論文集』745: 573-582.

板垣勝彦，2019，「道路占用許可の規制緩和と屋外都市空間の多目的利用」『日本不動産学会誌』33(2): 46-51.

伊藤昌亮，2012，『デモのメディア論——社会運動社会のゆくえ』筑摩書房.

川西晶大，2008，「G8サミットへのNGO・市民社会の関与」『レファレンス』688: 89-108.

Khosrokhavar, F., 2012, *The New Arab Revolutions That Shook the World,* Boulder: Paradigm Publishers.

桐谷詩絵音，2021，「都市の「広場」に響いた音——空間の聴覚的な占有」『人文×社会』1(2): 89-109.

小林哲夫，2021，『平成・令和　学生たちの社会運動——SEALDs，民青，過激派，独自グループ』光文社.

国際交流インフォセンター／キャンプ札幌実行委員会編，2008，『オルタナティヴ・ヴィレッジ～私たちの小さな村のこころみ（洞爺湖サミット国際交流インフォ・センター／キャンプ（札幌・当別）報告集）』同委員会.

松谷満，2020，「若者はSNSの夢を見るのか？——「運動を知らない」世代の運動参加」，樋口直人・松谷満編『3・11後の社会運動——8万人のデータから分かったこと』筑摩書房，pp. 71-98.

McCarthy, J. D. and C. McPhail, 2006, "Places of Protest: The Public Forum in Principle and Practice, " *Mobilization: An International Journal,* 11(2): 229-247.

McCarthy, J. D. and M. N. Zald, 1977, "Resource Mobilization and Social Movements: A Partial Theory," *American Journal of Sociology,* 82(6): 1212-1241.（＝1989，片桐新自訳「社会運動の合理的理論」塩原勉編『資源動員と組織戦略——運動論の新パラダイム』新曜社，pp.21-58.）

McDonald, K., 2006, *Global Movement: Action and Culture,* Oxford: Blackwell.

McPhail, C., 1991, *The Myth of the Madding Crowd,* NY: Aldine de Gruyter.

メディア研究部番組研究グループ「安保法案報道」分析チーム，2016，「安全保障関連法案——テレビ報道の分析」『放送研究と調査』66(10): 22-53.

Meyer, D. S., 2013, "Movement Society," *The Wiley-Blackwell Encyclopedia of Social and Political Movements,* DOI: 10.1002/9780470674871.wbespm135

中筋直哉，2005，『群衆の居場所——都市騒乱の歴史社会学』新曜社.

NGOフォーラム報告書作成委員会編，2008，「2008年G8サミット NGOフォーラムのキセキ」同フォーラム発行.

野宮大志郎・西城戸誠編，2016，『サミット・プロテスト——グローバル化時代の社会運動』新て」『批評研究』1: 97-118.

――――，2013,「アクターの回帰とアクシオンの社会学――行為論的アプローチからの展開」『現代社会学理論研究』7(7)：29-40.

――――，2016,『トゥレーヌ社会学と新しい社会運動理論』新泉社.

――――，2017,「構築主義と社会運動論――相互影響関係と回収可能性」『社会学評論』68(1)：55-69.

――――，2018,「政治的デモンストレーションの展開とその環境――1999 年シアトル WTO と 2009 年ピッツバーグ G20 を事例に」『フォーラム現代社会学』17: 5-18.

――――，2020a,「現代社会にとってどんな意義があるのか？――サミットをめぐる運動から」，濱西栄司他『問いからはじめる社会運動論』有斐閣，pp. 83-112.

――――，2020b,「なぜこういうことをしているのか――世界各地の抗議行動から」，濱西栄司他『問いからはじめる社会運動論』有斐閣，pp. 178-213.

――――，2021,「都市抗議の日常化と記述――2009 年コペンハーゲン COP15 を事例に」，松田素二他編『日常的実践の社会人間学――都市・抵抗・共同性』山城印刷株式会社出版部，pp.39-51.

――――，2022,「運動行為のビッグデータ記述――2015年反安全保障法制抗議集会を通して」『現代社会学理論研究』16: 45-56.

濱西栄司・鈴木彩加・中根多惠・青木聡子・小杉亮子，2020,『問いからはじめる社会運動論』有斐閣.

Hardt, M. and A. Negri, 2017, *Assembly*, Oxford: Oxford University Press（＝2022，水嶋一憲・佐藤嘉幸・箱田徹・飯村祥之訳『アセンブリ――新たな民主主義の編成』岩波書店.）

Haug, C., Rucht, D. and S. Teune, 2013, "A Methodology for Studying Democracy and Power in Group Meetings," della Porta, D. and D. Rucht ed., *Meeting Democracy: Power and Deliberation in Global Justice Movements*, Cambridge: Cambridge University Press, pp. 23-46.

林絵里奈，2020,「日本の労働組合ナショナルセンター「連合」の活動の数量化分析」公益信託松尾金藏記念奨学基金編『明日へ翔ぶ 5――人文社会学の新視点』風間書房，pp. 311-338.

Herbert, S., 2007, "The 'Battle of Seattle' Revisited: Or, Seven Views of a Protest-zoning State," *Political Geography*, 26(5): 601-619.

樋口直人・松谷満編，2020,『3.11後の社会運動――8万人のデータから分かったこと』筑摩書房.

ホルトス／バーバラ・樋口直人，2020,「デモ参加をめぐるジェンダーギャップ」，樋口直人・松谷満編『3.11後の社会運動――8万人のデータから分かったこと』筑摩書房，pp. 129-151.

堀川修平，2015,「日本のセクシュアル・マイノリティ運動の変遷からみる運動の今日的課題――デモとしての「パレード」から祭りとしての「パレード」へ」『女性学』23: 64-85.

参考文献

明智カイト, 2015,『誰でもできるロビイング入門――社会を変える技術』光文社.

阿木幸男, 2000,『非暴力トレーニングの思想――共生社会へ向けての手法』論創社.

安周永, 2013,『日韓企業主義的雇用政策の分岐――権力資源動員論からみた労働組合の戦略』ミネルヴァ書房.

Butler, J., 2015, *Notes Toward a Performative Theory of Assembly*, Cambridge: Harvard University Press.（＝2018, 佐藤嘉幸・清水知子訳『アセンブリ――行為遂行性・複数性・政治』青土社.）

Daphi, P., 2017, "'Imagine the Streets': The Spatial Dimension of Protests' Transformative Effects and Its Role in Building Movement Identity," *Political Geography*, 56: 34-43.

出口雅敏, 2008,「都市祝祭としてのサウンド・デモ――戦術としての祝祭」『生活学論叢』13: 44-58.

della Porta, D., Andretta, M., Mosca, L and H. Reiter, 2006, *Globalization from Below: Transnational Activists and Protest Networks*, Minnesota: The University of Minnesota Press.

Dines, N., 1999, "Centri sociale: occupazioni autogestite a Napoli negli anni novanta,"*Quaderni di Sociologia*, 21: 90-111.

Dubet, F., 1994, *Sociologie de l'expérience*, Paris: Seuil.（＝2011, 山下雅之監訳, 濱西栄司・森田次朗訳『経験の社会学』新泉社.）

藤井渡, 2019,「道路封鎖の論理と感情――タイ南部のゴム農民による集会現場から」『東南アジア研究』56(2): 215-239.

藤木貴史, 2016,「使用者の私宅近辺の駅における街宣活動等の正当性」『労働法律旬報』1855・56: 46-54.

藤野裕子, 2015,『都市と暴動の民衆史――東京・1905 – 1923年』有志舎.

Gerbaudo, P., 2012, *Tweets and the Streets: Social Media and Contemporary Activism*, London: Pluto Press.

五野井郁夫, 2012,『「デモ」とは何か――変貌する直接民主主義』ＮＨＫ出版.

Graeber, D., 2009, *Direct Action: An Ethnography*, Oakland: AK Press.

濱西栄司, 2008,「動員論と行為論, 及び第三のアプローチ――方法論的差異と社会運動の「質」」『ソシオロジ』163: 39-53.

――――, 2011,「自律スペースの現在と〈調整〉――国際サミット時のローマ・コペンハーゲンと日本」『インパクション』178: 22-33.

――――, 2012,「「3.11以後」とアクターの回帰――日米丁サミットとトゥレーヌ理論を通し

濱西栄司◎はまにし・えいじ

一九七七年、京都市生まれ

京都大学大学院文学研究科博士後期課程修了　博士（文学）

ノートルダム清心女子大学文学部現代社会学科教授

専門は社会学（とくに社会運動論、社会学理論）

主要著作『トゥレーヌ社会学と新しい社会運動理論』（新泉社）

共著に『サミット・プロテスト――グローバル化時代の社会運動』（新泉社）

『問いからはじめる社会運動論』（有斐閣）、共訳に『経験の社会学』（新泉社）ほか

社会運動は何を行うのか
——運動行為論の構築へ向けて

2025年3月25日　第1版第1刷発行

著者　濱西栄司
発行　新泉社
　　　東京都文京区湯島1-2-5　聖堂前ビル
　　　TEL 03-5296-9620　FAX 03-5296-9621
印刷・製本　創栄図書印刷

ISBN978-4-7877-2502-8　C1036

図表作成———あおく企画
ブックデザイン———堀渕伸治◎tee graphics